ライフスタイル探検隊

「語り合うマーケティング」が未来を拓く

㈱ドリームインスティテュート 代表取締役社長
上野和夫
ライフスタイル探検隊リーダー
望月祐佳

現代書林

CONTENTS

語り合うプロローグ　著者2人による本書の内容紹介

ライフスタイル探検隊　Photo Introduction

第1章

ライフスタイル探検隊とは

顧客と企業が語り合う新スタイルのマーケティング

1　ライフスタイル探検隊のアウトライン

2　ライフスタイル探検隊セッションでの印象的なエピソード

3　ライフスタイル探検隊との交流で得られるメリット

第2章

なぜＦ１層に支持されないのか

未来のエース顧客となる20代・30代女性の心をつかむには

第3章 共感でつながる若者のコミュニティ活動

若者コミュニティはなぜ大きなパワーとなって広がっていくのか

第4章 「語り合うマーケティング」から戦略の実現へ

変化を察知し、未来をデザインするための最強のマーケティングとは

上野和夫

Kazuo Ueno

語り合うプロローグ

著者2人による本書の内容紹介

望月祐佳

（もちゆか）

Yuka Mochizuki

株式会社ドリームインスティテュートの上野和夫です。

最も速い速度で変化するのはお客様やマーケットだ！

知恵やヒントやアイデアは〝異質なところ〟〝離れたところ〟にある！

当社では、この2つの視点を大切にしながら、企業の変革の担い手を育てるマインドストレッチセッションを2008年から実施してきました。

開講当初から異業種企業と交流する機会を積極的に取り入れ、外から中を見つめ直すことで自社の価値や課題を再確認し、新たな事業を創造するトレーニングをしています。

さらに、お客様と直接交流しながら学ぶことが最も重要と考え、2013年からは「ライフスタイル探検隊セッション」をマインドストレッチセッションの中に取り入れました。どの企業の方からも「目からウロコでした」と評価していただいています。

この著書では、お客様と企業が語り合うことがいかに大切かということをライフスタイル探検隊のリーダーである望月祐佳さん（通称：もちゆかさん）とともに伝え、マーケットを創造する企業になりたいと願う経営者のニーズに応えていきたいと思います。

ライフスタイル探検隊リーダーの望月祐佳です。

10代の頃、体調を崩したことをきっかけに「食」に目覚めた私は、食の大切さや食が持つ可能性を多くの人々に伝えたいと思い、2010年に「今日食べたものが明日の自分と社会をつくる」というメッセージを発信する学生団体Mealink（ミーリンク）を立ち上げました。

その後、さまざまな活動を通して、たくさんの素敵な仲間と出会い、2016年にMealinkを法人化し、現在の一般社団法人Mealinkに至っています。このコミュニティには管理栄養士をはじめとする食に関心の高い社会人や大学生がたくさん所属しています。また、私は食に関することをもっと学びたいと考え、現在働きながら食の専門学校に通い、日々悩みながらも前向きに自分なりのキャリアづくりをしています。

上野さんとは7年前に出会い、企業のマーケティングに関わる研修をご一緒させていただいています。とは言っても、私はマーケティングのプロではありません。ライフスタイル探検隊のメンバーとともに、あくまでも生活者の代表として、企業の皆様と率直な意見交換をさせていただいています。本書では、これまでの体験から学ばせていただいたことを少しでもご紹介できたらと思っています。

ライフスタイル探検隊って何？

上野：ライフスタイル探検隊セッションは、探検隊メンバーがお客様の代表として、企業の皆様とさまざまなテーマについて熱く語り合う当社独自のマーケティングセッションです。このセッションがスタートしたのは、もちゆかさんが社会人デビューした年ですね。あれから6年経ち、企業との交流もたくさん経験し、探検隊のメンバーも増えてきましたね。

望月：おかげさまで、企業の皆様からは大変勉強させていただいています。ライフスタイル探検隊セッションのお話を最初に伺ったときには、企業のことをよくわかっていない私たちが、商品やサービスのプロである企業のリーダーと語り合うことなんてできるのだろうかと思っていました。

でも、上野さんが、探検隊の人たちが日頃感じていることを率直に語ってくれれば、F1層（20～34歳の女性）やM1層（20～34歳の男性）を中心とする若い人たちの等身大の声が届くため、企業にとっては課題解決のヒントや新たな発見がたくさんあるはずだと言ってくださったので、私もそれならできるかもしれないと思ってお引き受けしたのを覚えています。

上野：経営者も現場の人たちも「お客様の声が何よりも大事だ」とわかっていながら、どう把握したらよいか、効果的な手法が見つからず悩んでいます。そのような姿を見るにつけ、真のマーケティングにつながる「顧客参加型」「価値共創型」のセッションをしてみたいという気持ちが強くなっていきました。

そんなとき、もちゆかさんと出会ったわけです。もちゆかさんが、SNSで同世代の仲間と頻繁に共感をシェアしたり、さらに、さまざまなバックグラウンドを持ち、食の大切さを発信したいと考えている仲間同士が地域や所属を超えてつながっていって、「ミーリンク」というコミュニティを立ち上げたりする姿を見て、上の世代とは明らかに違う次世代の息吹を感じました。

望月：次世代の息吹ですか？　周囲の同世代と比べても極めて普通だったと思いますが。

上野：それは、上の世代から見たら〝新しい普通〟ということでしょうか。2017年になると「インスタ映え」という言葉が流行語大賞になるくらいスマホやSNSを軸とする生活や行動が際立ってきますが、2013年の段階では、企業の人たちも、そういう行動特性がまだよく見えていなかったと思います。でも、ビジネスは、変化の兆しから次の時代の輪郭をいち早く捉えないと勝てません。

そこで、もちゆかさんとその仲間たちの等身大の姿を追求すれば、F1層やM1層の価値観や行動特性をいち早くつかめると思ったのです。それで、もちゆかさんに「ライフスタイル探検隊を編成しよう」と呼びかけたわけです。

なぜF1層のマーケティングから始めるのか？

望月：ライフスタイルって、一人一人の生き方の問題だから、世代差じゃなくて個人差ですよね。だから、ライフスタイル探検隊がF1層を中心とする若い世代のマーケティングをすると聞いて、最初ちょっと疑問に感じました。

上野：確かに、本来は世代で区切る必要はないのです。ただし、多くの企業にとって、F1層を研究することは、とても大きな意味があります。人間は1年に1歳ずつ年を取ります。当たり前ですね(笑)。だから、現在シニア層や富裕層で稼いでいる企業が、「当社の主要ターゲットは若者じゃないから、若者のマーケティングは当面関係ない」と考えていたら衰退します。ある年代になったら、突然その企業やサービスに注目するということはありえないので、かなり早い段階から、将来の顧客予備軍に「知ってもらい、好きになってもらうプログラム」を仕掛けておくことが必要なのです。だから「市場のファッションリーダー」であり、「未来のエース顧客」となるF1層の人たちの価値観や行動特性は、どの企業にとっても研究しなくてはならないテーマなのです。ライフスタイル探検隊セッションは、若い新規顧客の獲得や若者向けの商品やサービスの開発に有効なだけでなく、5年後・10年後も企業が若者にとって必要な存在、魅力的な存在になれるかどうかを確認する機会にもなります。

望月：だから、私たちと企業のリーダーたちが意見をぶつけ合うセッションを実施したいと考えられたのですね。

上野：それに、企業では若者をターゲットとする事業であっても、ビジネスの決裁権は経営者やマネジメント職にあります。だから、企業のマネジメント職とF1層やM1層の若い社会人や学生の間で、感性、行動特性、商品やサービスの受け止め方などがどう違うのかということを具体的に知ることは経営にとって大変重要なことなのです。

差別化は感性から生まれる

望月：世間ではもちろん、私たちの世代でも、人工知能がもたらすくらしや雇用や社会の変化がすごく話題になっています。マーケティングもますますビッグデータでお客様の声を解析するようになりませんか？

上野：科学や医療やＡＩには〝進歩〟という羅針盤があるから、将来の開発目標も描けます。人間学でもあるマーケティングの難しさは、このような法則性や明確な羅針盤がないことです。マーケティングの目的は、顧客に好まれる独創的な商品やサービスを開発し、それを利益に結びつけることにあります。私たちの価値観、好み、行動特性は一人一人異なります。一人一人のその時々の本音とか真の要望を解き明かすことが目的となるので、誰がやっても同じような最適解に導くビッグデータやロジックだけでは独自価値を生めないのです。だから、マーケティングは右脳も左脳もフル回転させなくてはならないのです。

望月：確かに、私たちが商品やサービスを選ぶときには、品質や価格はもちろんですが、「好きか嫌いか」「合うか合わないか」という〝微妙な差〟が最終的な決め手になります。しかも、私たちの価値観、好み、行動特性は、時代とともにどんどん個人化が進み、一人一人異なってきています。だから、データから共通点を見つけ出して、何かで括ろうとする従来のマーケティングだけでは人々のハートをつかめない気がします。

一方で、いくら個人化が進むからといって、一人一人の要望にパーフェクトに応えていくことは難しいと思われます。個人化や多極化が進む時代には、これまでにないマーケティングの手法が必要なのでしょうね。セッションの中でも、その点は充分留意してきました。

上野：差別化は感性から生まれます。だから、マーケティングには「感性工学」とも言える知的かつ人間的なアプローチが不可欠になります。マーケティング力を高めるには、社員一人一人が、感動、驚き、心変わりなど、他人の心の中がまるで自分の実感のように理解できることが重要です。そうすれば、小さな変化も見逃さず、新たな潮流の予兆を感じ取れるようになります。データや統計を読み解く力は非常に大切だけど、それらは考察の前提とか参考という位置づけであることを認識しなくてはなりません。

ますます大切になる「語り合うマーケティング」

上野：常識や固定概念をぶち壊さないと次の時代のヒットは生まれません。でも、企業内部だとなぜかそれができない。ところが、お客様が相手だと社内の会議と違って、率直で健全な話し合いができます。どんなときもお客様が一番先を行っているわけだから、本気で新規サービスを開発したければ、「お客様が次に望んでいるのはこれです」と上層部に突きつけるしかありません。だから、「データ分析するだけのマーケティング」で終わらずに、「お客様と企業のリーダーが語り合うマーケティング」を取り入れることを提唱します。ライフスタイル探検隊セッションはそのことを具現化しています。

さて、この本では、ライフスタイル探検隊リーダーのもちゆかさんに、3つのシーンでナビゲーター役をお願いしたいと思います。

1つ目が、ライフスタイル探検隊リーダーとして、いくつかの店舗や施設に行って、上の世代から見ると身近な存在だと思っているサービスを実際に体験してもらい、「F1層はなぜそのサービスを身近に感じないのか。なぜ使わないのか」という課題を紐解いてもらいたいと思います。2つ目は、もちゆかさんがMC役となって、若者のコミュニティの代表者と対談してもらいたいと思います。望月さん自身はミーリンクというコミュニティの代表をしていますが、今後社会の中で大きな存在になっていくと思われる若者コミュニティを多くの人に紹介してほしいと思います。3つ目は、三越伊勢丹ホールディングスの特別顧問で経団連の副会長でもある石塚邦雄さんと対談していただきます。この対談を通じて、企業とライフスタイル探検隊や若者コミュニティがもっと近づき、交流することが、今後事業を創造していく上で大変重要だということを経営者の方々に感じてほしいと思います。

望月：私たち消費者がもっとさまざまなことを経験したり学んだり時に意見を発しながら、消費活動をより豊かにしていけたら素敵なことだと思います。私と探検隊メンバーの発言や行動が企業の未来創造のお役に立てるのであれば光栄です。大役ですが、頑張ります。

上野：ライフスタイル探検隊セッションは社員の感性やマーケティング力を高める人材育成の機会にもなります。私はこの本でマーケティングと事業創造と人材育成は密接につながっているので三位一体で進めることが重要だということを経営者にお伝えしたいと思います。同時に、感性が鋭く、未来づくりのセンサーとなる若い人たちに、マーケティングや経営への関心をもっともっと高めてほしいと願っています。できるだけわかりやすくお伝えするために、対談やディスカッションでの発言やアンケートの結果やビジュアルを使った現場の紹介など、全編を通じてリアリティを感じていただけるように表現しました。より多くの皆様に楽しみながら読んでいただき、未来創造のヒントになれば幸いです。

ライフスタイル探検隊

Photo Introduction

ライフスタイル探検隊リーダーの望月祐佳（もちゆか）さん
（ライフスタイル探検隊セッションが行われるドリームインスティテュート研修スタジオにて）

（セッション参加者の一部紹介）

鈴木啓太
（すずきけいた）
建築設計士

田中美希
（たなかみき）
タナカのにがおえ屋さん

田中有紀（YUKI）
（たなかゆき）
一般社団法人内臓マッサージ協会代表理事

中島美樹子
（なかじまみきこ）
praana・SPACE ヨガインストラクター

橋本夕子
（はしもとゆうこ）
三十路祭り実行委員会（1987-1988）メンバー

三村愛
（みむらあい）
株式会社りぷらす 代表取締役社長

望月祐佳（もちゆか）
（もちづきゆか）
一般社団法人Mealink代表理事

山崎茜（やまざきあかね）
日本IBM　人事
次世代育成推進チーム
インターンシップ担当

渡邉茜
（わたなべあかね）
㈱CdeF COO

私たちライフスタイル探検隊

青木明香里
（あおきあかり）
養護教諭

安部浩生
（あべひろき）
一般社団法人JapaneseTEAM監事

太田真理子
（おおたまりこ）
Airbnb Japan マーケットマネージャー

大野真由美
（おおのまゆみ）
一般社団法人ラボプロダクション理事

北真由子
（きたまゆこ）
表現者

駒ヶ峯 誉
（こまがみねほまれ）
きゅーまる／ 90年会 代表

齋藤大斗
（さいとうだいと）
会社役員

齋藤美恵
（さいとうみえ）
web Engineer・管理栄養士

坂井田沙羅
（さかいださら）
てまひま不動産 営業担当

ライフスタイル探検隊の活動1

顧客と企業が熱く語り合う ライフスタイル探検隊セッション

未来を語り合うと創造的なアイデアがどんどん出てくる！

企業のリーダーの発言を
真剣に聞き入る探検隊メンバー

F1層の思いや行動特性を伝える
もちゆかさん

企業のリーダーも探検隊に聞きたいことや伝えたいことがいっぱい!
探検隊リーダーと企業のリーダーとの間でいつも白熱するやり取りが

語り合い、理解し合って
共感のフィナーレ

名刺の交換はエールの交換
すぐに打ち解け合って話に花が咲く

ライフスタイル探検隊の活動２

さまざまな準備をしてセッションに臨みます

街歩き大好き　いつもマーケティングをエンジョイ

セッション前は普段行かない場所やお店にも行ってみます

探検隊ネットワークを通じた
企業訪問も積極的に

日本の伝統文化に触れるたびに
大切にしたいという思いが

セッションが近づくとみんなで
カフェに集まって作戦会議

プライベートの時間も
マーケティングのヒントがいっぱい

顔が見えるアンケート「ボイス&ボイス」を
徹底的に分析するライフスタイル探検隊メンバー

F1層・M1層のさまざまな心の声をどう整理しようかな……

企業とのセッションに確信をもって臨むために「フォーカスミーティング」で熱く議論するライフスタイル探検隊メンバー

大学生のボイス＆ボイスも分析します（法政大学酒井理ゼミでマーケティングを学ぶ学生たちと）

ライフスタイル探検隊の活動3

銀座に私たちのマイ・フェイバリットが

銀座ロフト店がリニューアル　テーマは私たちが大切にしている〝エシカル〟
同世代の人気が高いロフトの魅力に迫る（2019年5月取材）

魅力的な商品やサービスがいっぱい！フレンドリーな接客だからわからないことは何でも聞ける

私たちが手に取りたくなる可愛いものばかり

オーガニックコスメがたくさん揃っている

カフェで一休み 身体にやさしいメニューがたくさん！とても癒されます

選んだ商品に名入れなどして、オリジナルアイテムがつくれる！選ぶ、つくる、贈る――3つの楽しさを体験できるデジタル加工工房Loft＆Fab

MOMA ショップや色とりどりの商品に囲まれて見ているだけで楽しい

マステを使って世界に一つしかない私だけのダルマさんをつくれるよ

新旧のフォトショップが隣り合って、すごく楽しい企画だね

もちゆかのコミュニティ活動

一般社団法人Mealink（ミーリンク）

由来は、Meal＋Link（食べるものが人や社会の健康に繋がっていく）

管理栄養士をはじめ食に関心の高い社会人や大学生が所属しています

ウィメンズ日本酒会

同会の代表として
名酒センターをはじめとする
さまざまな場所で
日本酒の奥深い魅力と
文化を発信中

企業との コラボレーション

さまざまな企業や機関と
一緒にワークショップや
イベントを開催
中には探検隊セッション
から生まれたご縁も

若者を中心としたコミュニティ活動
共感の輪がつながって大きな力になっていく

コミュニティはライフスタイル探検隊のネットワークとしても力を発揮

Mealink

野菜から食を考える

今日食べたものが、明日の自分と社会をつくる

30
1987-1988
三十路祭り

一生に一度、30代の幕開けを祝い合う30歳による30歳のためのイベント

90
九十年会

日本一の同い年コミュニティ団体

NPO法人チャリティーサンタ
Charity Santa

誰かのためのサンタになる

Matsurism

祭りの力で人と町を元気に!

KAIGO LEADERS

2025年、介護のリーダーは日本のリーダーになる

NPO法人 ウェルジー WELgee WELCOME + refugee

日本に来た難民の若者たちと、誰もが活躍できる未来を

itobanashi

インドの手刺繍を用いた顔の見える服作り

NPO法人 judo3.0

誰しもが柔道で幸せに

若者法人 Japanese TEAM

次世代を担う若者にきっかけ・資源・知識を

※各団体の連絡先などは、198ページの「各コミュニティの紹介」をご覧ください。

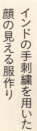

5つのコミュニティがスタジオでトーク&トーク

同い年っていうだけで共感の輪が広がっていく
同い年の活動やイベントでパワーが炸裂する2つのコミュニティ

同い年が集まったときのパワーを実感！

三十路祭り実行委員会
橋本夕子さん

きゅーまる／90年会
駒ケ峯誉さん

社会がもっと良くなるように！
熱い思いでつながっていく3つの社会起業家のコミュニティ

みんなすごい情熱！　それぞれの領域で日々奮闘中

マツリズム
大原学さん

カイゴリーダーズ
秋本可愛さん

チャリティーサンタ
清輔夏輝さん

※第3章（114ページ〜）で5つのコミュニティの理念と活動を紹介します。

新しい時代のコラボレーション

VRChatで仕掛ける本郷三丁目にある
大人の雰囲気のお蕎麦屋さん「田奈部」

SNSで大きなパワーを発揮する
インフルエンサー
日本初のアニメちっくアイドル
桃知みなみさん

もちゆかさんも
早速仕掛け人である
店主の田名部康介さんを
取材

紹介された
鴨せいろは
とても
美味しかったです

桃知みなみさんの
食レポで
若いファンが殺到

※新しいことへの挑戦は第4章の167ページで紹介しています。

第1章

ライフスタイル探検隊とは

顧客と企業が語り合う新スタイルのマーケティング

1 ライフスタイル探検隊のアウトライン

ライフスタイル探検隊の誕生

私ともちゆかさんとの出会いは、彼女が大学4年生のときでした。生活協同組合関連の知人から「先日、農業体験プログラムに参加してくれた若い女性で、一人どうしても紹介したい人がいる」と言われ、もちゆかさんを紹介されました。

あとになって「あのとき、なぜもちゆかさんを紹介してくれたのか?」と聞いたら「優れた感性と才能を持っている子だから、すくすく伸び伸び育ってほしい。社会人になっても、いわゆる大人の管理統制下に入って、都合よく使われる人になってほしくない。自分の意志でいろいろなことにチャレンジしていってほしい。だから、良い大人に会わせたいと思った。新しいことに挑戦することが大好きなドリームインスティテュートに紹介すると、何かしら化学反応が起こるんじゃないかと思って、無性に紹介したくなった」と言われました。

しばらくして、その紹介者と弊社の戦略アドバイザー本郷靖子さんともちゆかさんと私でお会いすることになり、食事をしながらいろいろ会話をする中で、もちゆかさんが自身のことを語り始めました。

「私は10代の頃、摂食障害に陥り、挫折感どころか絶望感を感じる日々を過ごした経験があります。でも、周囲の人たちと話をすると、私だけでなく、多くの女性が、摂食障害に限らず、食と健康の問題に悩んでいたり、食という分野にさまざまな角度から関心を持っていました。

そのときに、食から始まる健康問題で行動の幅や人生の幅を狭めてはならない、食の大切さや食が持つ可能性を社会に伝えていきたい、みんなでつながってこの動きを大きな輪にしていきたいと強く思いました。

それで何人かのメンバーで『今日食べたものが明日の自分と社会をつくる』というメッセージを発信するミーリンクというコミュニティを２０１０年に学生団体として立ち上げました。

コミュニティには、管理栄養士をはじめとする食に関心の高い社会人や大学生が所属しています。私の場合は体調を崩したことをきっかけに食の大切さに目覚めることができました。

そして、一緒にチャレンジするたくさんの素敵な仲間とも出会えました。現在、ミーリンクの仲間たちは、それぞれのバックグラウンドがありながらも皆同じ思いを持って活動しています」

そう語るときのもちゆかさんの目はキラキラと輝き、彼女の発言一つ一つには力強さと優しさが溢れていました。

もちゆかさんはその後、「良いことは社会にどんどん広げていきたい」という強い思いからミーリンクだけに留まらず、複数のコミュニティのつながりを求めて活動していきます。夢を語り、前に進む姿、複数のコミュニティがつながっていく姿、良いくらしをとことん追求し、積極的にマーケティングに出掛ける姿を見て、私はもちゆかさんに「前向きなF1層のシンボルパーソン」というイメージを抱くようになりました。

私はマインドストレッチセッションを通じて、多くの企業がF1層を中心とする若者のマーケティングとファンづくりで困っていることを目の当たりにしてきました。特に、カスタマーフロントと経営の距離が離れている大企業ほど、「どうしたら20代、30代の女性を惹きつけることができるか」というテーマについて、経営全体で悩んでいる傾向があります。

そこで、もちゆかさんに「F1層を中心とする若いお客様の代表が企業のリーダーと語り合うライフスタイル探検隊セッションという構想を以前から抱いているけれど、センター役を担ってくれる人がいないと実現しない。もちゆかさんにライフスタイル探検隊のリーダーをやってもらえないだろうか？」と持ち掛けたのです。

社会人になりたての人が、そんな大役を簡単に「担います！」とは言えないと思いますが、もちゆかさんは「私で大丈夫でしょうか？」という気持ちと同時に、「私で良ければ企業の皆様のお役に立ちたい」「それが私たちのニーズにフィットした商品やサービスを生み出すことにつながるのであれば、なおさら嬉しいです」という思いもあってＯＫしてくれました。

そこから先は、これ以降のページで、順を追って紹介させていただきますが、ライフスタイル探検隊は、こうしたもちゆかさんとの出会いがあって、ようやく誕生したのです。

その後も「あくまでもお客様の代表として」「企業に役立つ声とアイデアを届ける」という最も大切なスタンスを守り抜きながら、探検隊のリーダーを担ってもらっています。

ライフスタイル探検隊を構成するメンバー

ライフスタイル探検隊は、さまざまなネットワークの若者がつながって、Ｆ１層とＭ１層のマーケティングを行う集団です。

メンバーは、Ｆ１層が8割、Ｍ１層が2割くらいの構成です。また、企業の社員や学生をはじめとして、起業家、個人事業主、デザイナー、建築士、高校教員、ヨガの先生、経営コンサルタント、ＮＧＯやＮＰＯの職員、子育て中のママなど、さまざまな職業や立場の人た

マーケティング視点からの年代層の区分

F3層	50歳以上の女性（同年代の男性はM3層）
F2層	35〜49歳の女性（同年代の男性はM2層）
F1層	20〜34歳の女性（同年代の男性はM1層）
T層	13〜19歳の男女
C層	12歳以下の男女

**どの企業や組織でも、
将来の事業を考えると、
どうしても取り込みたい重点ターゲット**

時代とともに地殻変動するマーケット

F1層・M1層はデジタルイミグラントのフロントランナー

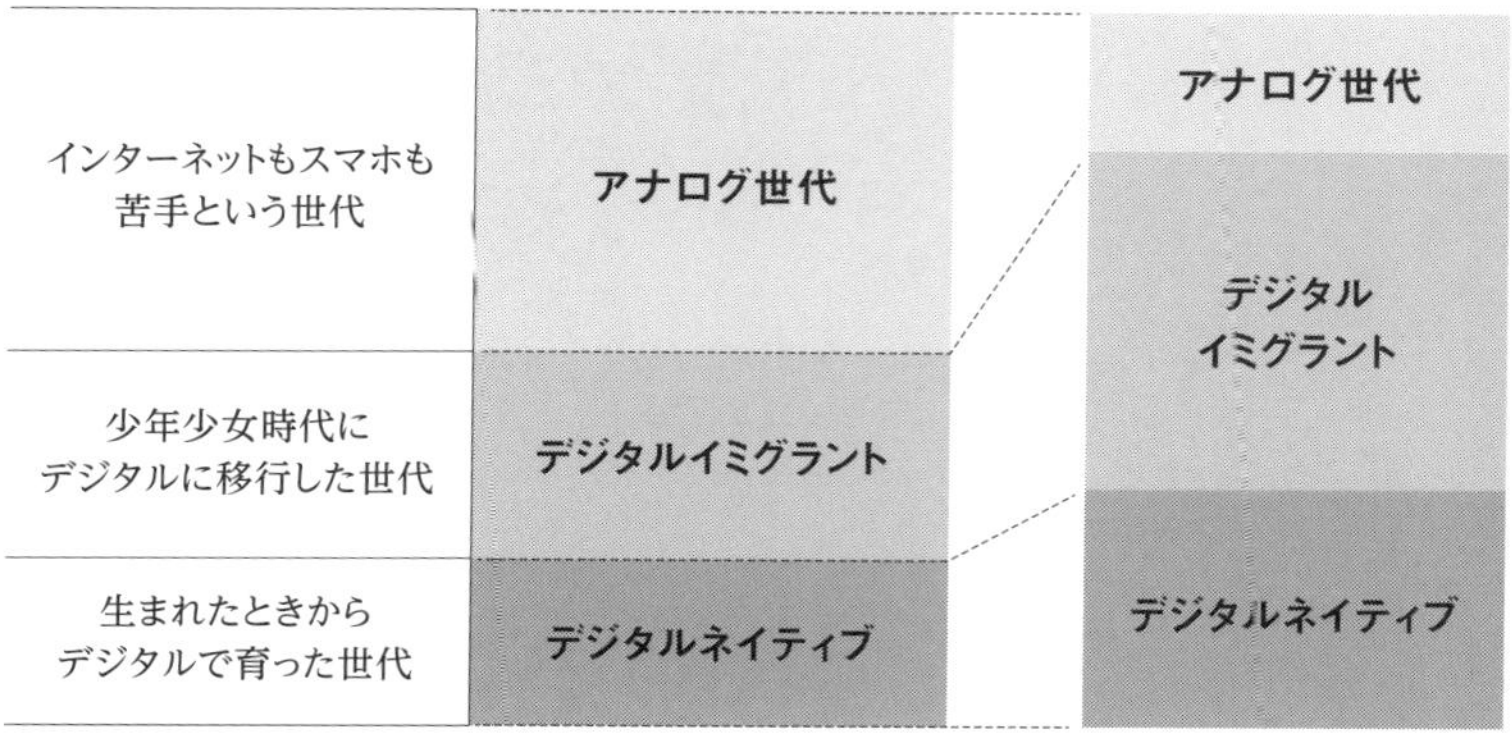

ネイティブ ＝ 生まれたときからそこにいる先住民　**イミグラント** ＝ 外から移住してきた者

ちで構成されています。地域的には東京近郊の人たちが圧倒的に多いけれど、九州や北海道からＳＮＳでアンケートや資料づくりに協力してくれるメンバーもいます。

今回執筆に参画した人たちは探検隊のコアメンバーで、後述するフォーカスミーティングやライフスタイル探検隊セッションにもよく参加していただく人たちです。このコアメンバーがハブ機能となって、「ボイス＆ボイス」というアンケートを多くの知人にＳＮＳで発信し、リアルな声を収集します。ネットワークの輪が連鎖して、アンケートにはたくさんの人たちが参加します。

このようにライフスタイル探検隊は、セッションに参加するコアメンバーと、ボイス＆ボイスメンバーの二重構造になっています。そして、もちゆかさんがボイス＆ボイスメンバーの中でセッションに参加してみたいと思っている人に声をかけて参加してもらいます。そのようにして探検隊のコアメンバーが増えてきました。

顔が見えるアンケート「ボイス＆ボイス」

ライフスタイル探検隊のメンバーたちは、食、ファッション、雑貨、インテリア、アート、交流、学び、旅、遊び、スポーツ、音楽、健康・美容、社会貢献活動、仕事、子育て……など、日常の中でやりたいこともやるべきこともいっぱいあります。「お金と時間とエネルギーをどこにかけようかな?」と頭を巡らせながら、楽しくて有意義で便利なくらしをとことん追求しています。また、F1層は38ページの下図で示したSNSを駆使して日々のくらしや仲間との交流を楽しむデジタルイミグラントの先頭ランナーとも言える、今後のマーケットをリードしていく世代です。

ライフスタイル探検隊は、自らの世代の価値観や行動特性を整理して、企業のリーダーたちと交流しますが、セッションに臨むにはかなりの準備が必要です。

まずは、「ボイス&ボイス」と名づけたアンケートを作成し、実施します。サンプル数の多さだけを求めるのではなく、知人から知人へと有機的なネットワークで幅広く拡散していく「顔が見える」「心の声が聞こえる」アンケートです。

「ボイス&ボイス」というネーミングには「顔が見えることや心の声が聞こえることを大切に」「無機質なアンケートを何万集めるよりもリアルな今が見えるように」という思いが込められています。

収集するのは生活者の心の声

ボイス＆ボイスでは、例えば次のような質問をして、Ｆ１層やＭ１層の声を収集します。考え方や行動の特性を深く読み込めるよう、実際にはもっと５Ｗ１Ｈを盛り込んだ詳細な質問をしますが、ここではざっくりとしたイメージをつかんでいただけるように事例を紹介します。

「SNSの活用」について

・よく利用しているＳＮＳやアプリを教えてください。
・ツイッター、フェイスブック、インスタグラムなどをどんなときに、どんな目的で利用しますか？　頻度なども含めて教えてください。
・ＳＮＳに写真を投稿するときに画像の編集をしますか？　それは、どのような目的で、どんなアプリを使用して、どのように編集するのですか？

など、活用の目的や実態を把握できるようにアンケートを収集します。

●「お気に入りスポット」について

・お気に入りスポットで思い浮かぶ場所はどのようなところですか？
・お気に入りスポットのどんなところが好きですか？　誰とそこに行きたいですか？　どんなときに行きたくなりますか？　そこで何をしたいですか？

など、具体的なシチュエーションをどんどん深掘りしていきます。

●「お気に入りのショッピング施設」「ショッピングの実態」について

今ではネットとリアルの両面からのアプローチが必須です。それを踏まえて、さまざまな視点から問いかけます。

・買いたいものがあるとき、最初にどんな行動をとりますか？
・普段どんなものをどこでお買い物しますか？
・あなたのお気に入りのショッピング施設を教えてください。
・ネットショッピングとリアル店舗の利用度の割合や頻度などを教えてください。
・所有している、よく利用しているポイントカードを教えてください。
・ショッピングの際に写真を撮りますか？　撮るのはどんなときですか？　その写真は誰かとSNSで共有しますか？

●「百貨店」を事例研究する場合

百貨店とセッションを行う場合、百貨店にフォーカスしたボイス＆ボイスを事前に実施し、フォーカスミーティング（詳しくは次項参照）でポイントを整理して臨みます。

・百貨店に対する率直なイメージを教えてください。
・百貨店はあなたにとってどのような存在ですか？
・百貨店を利用する目的や理由を教えてください。
・あなたが好きな店舗と好きな理由を教えてください。
・百貨店には何を買いに行きますか？
・百貨店の情報（商品・イベント・セールなど）をどんな媒体で知りますか？
・百貨店にもっとこんな商品・ブランド・サービスなどがあれば利用するというものがあったら教えてください。
・百貨店でお気に入りスポットはありますか？（好きなスペースやサービス）どんなところに惹かれますか？　どのように利用していますか？
・印象に残っている催事やイベントとその理由を教えてください。
・ミスマッチ感があること、気に入らないこと、改善してほしいことなどがあれば、遠慮なく記入してください。

百貨店側にとっては耳が痛いこともたくさん出てきますが、その声が変革を起こすきっかけになっていくのです。

さて、ざっくりとしたイメージをつかんでいただけたでしょうか？

なぜを突き詰める「フォーカスミーティング」

一連のプロセスの中で、特に重要なのが「フォーカスミーティング」です。探検隊コアメンバーがボイス＆ボイスのデータを読み込みながら、みんなで「なぜ」「なぜ」を繰り返していきます。「なぜ好きか、なぜ嫌いか」「嫌いと答えた人は何を求めているのか」など、ワンテーマについて深く追求しながら、生々しい声のエッセンスをレポート化していくのです。

探検隊メンバーは、自分が確信を持ってセッションに臨みたいと思うので、フォーカスミーティングで、ちょっとでも腑に落ちないことや疑問に思うことがあると、データ分析だけで終わることなく、街に、店に、ネット空間に繰り出して、実際に体感してみます。

また、ライフスタイル探検隊はボイス＆ボイスを実施するときに、とてもユニークな試みをしています。クライアント企業のマネジメント職の人たちにもアンケートに参加していただき、「F1層を中心とする若者たちは、この質問にはどう答えると思いますか？」と問いかけるのです。企業では、若者をターゲットとする事業であっても、決裁権は経営者やマネジメント職にあります。だから、マネジメント職と学生やF1層の社会人との感覚の違いが確認できることは、経営にとって大変重要なことなのです。

案の定、回答にはギャップがあります。次章では代表的な事例を紹介しながら「なぜギャップが生じるのか」「なぜ若者を取り込めないのか」「未来のエース顧客の心はどこにあるのか」を追求していきます。

顧客と企業が語り合う「ライフスタイル探検隊セッション」

ライフスタイル探検隊セッションは、数名の探検隊コアメンバーが、多数のF1層の生の声を携えて企業のリーダーたちとのセッションに臨みます。もちゆかさんのプレゼンを聴いた後、企業のリーダーと探検隊がお互いに質問をぶつけ合いながら、3時間から4時間におよぶ熱いセッションが繰り広げられます。

このセッションで追求する主なテーマは3つあります。

1つ目のキーワードは「ナチュラル」です。

「どんな価値観を持っているか」「何が好きか・嫌いか」「何にお金や時間やエネルギーをか

けているか」「どんな行動特性があるか」など、F1層を中心とする若者の思考や行動の特性を率直（ナチュラル）に聴き出します。若者の本音とリアルな今を知ることができます。

2つ目のキーワードは「コミュニティ」です。

「なぜコミュニティ活動をするの？」「フェスの実行などで、なぜそんな超絶パワーがあるの？」など、F1層のコミュニティ活動にフォーカスします。SNSを活用して、人と人とが地域や組織などの枠を超えて、大きな輪となってつながっていく、F2層以上の世代にはないF1層特有のパワーの源泉が見えてきます。

3つ目のキーワードは「フューチャー」です。

まずは、若者が描く未来のくらしや自己実現目標を語ってもらいます。そして、どのような「くらしの課題解決」や「幸せ実現のサポート」をしてほしいかを率直に聴き出していきます。企業の皆さんが、ライフスタイル探検隊メンバーに、自社の未来戦略を描くときの具体的なアイデアを聴き出すセッションです。

探検隊メンバーからも企業のリーダーたちに自分たちの思いや考えをぶつけます。「社内ではそのような意見が大勢を占めているかもしれませんが、多くのF1層はそういうニーズは持っていないと思います！」「そんなに良いことをやっているのに、なぜ私たちにアプローチしてくれないのですか？」など、強烈な意見や質問もあります。

企業のリーダーからF1層を中心とする若者への質問事例

1	普段の活動や購買行動の前提となるこだわり、愛着はどこにあるか?
2	好きな街やお店、施設、サービスは?　そこでどんなことを楽しんでいるか? どんな出会いや発見があるか?
3	街歩き、レストラン、ショッピング、テーマパーク、ツアーやホテルなど、 さまざまなジャンルでの楽しみ方、行動スタイル、投資スタイルは? どのようにお金と時間、エネルギーをかけているか?
4	どんな情報に関心があるか?　惹かれるか? さまざまな情報はどこからどんな方法で入手するか?
5	SNSがツールの軸になっていると思うが、 皆さんのコミュニケーションはどのように広がっていくのか?
6	若者に伝わるプロモーションとは? それが上手だと思う企業はどこか?　なぜそれは若者に伝わるのか?
7	なぜ当社の情報は若い人たちに伝わらないのか? 情報や価値を多くの若い人たちに知ってもらうには何が足りないのか?
8	ズバリ、当社の商品やサービスは皆さんにとって…… そもそも魅力や価値がないのか?　魅力や価値が知られていないのか?
9	当社の商品やサービスをもっと好きになってもらうには、どうしたらよいか?
10	あなたが当社の商品開発担当、サービス開発担当、イベント企画担当、 店長だったら、どんな新しいことに挑戦するか?

このようなエキサイティングな雰囲気の中で、普段の仕事の場では出ないような意見やアイデアがたくさん飛び交います。その結果、セッションの終了時には、双方が一緒に新しい価値を創造する同志になったような気持ちとなり、大きな感動に包まれます。

こうして若者の「ものの見方や考え方」「好き嫌い」「知っているか知らないか」「意識しているか意識していないか」「満たされていないニーズ」「将来への期待と不安」などをリアルに知ることで、企業のリーダーたちは、少し先のマーケットの特徴をつかみ、今後顧客とどう関係を築けばよいかをこれまでよりも確信を持って描けるようになるのです。

2 ライフスタイル探検隊セッションでの印象的なエピソード

エピソード1「皆さん、ホームページ見てないの?」

2013年、もちゆかさんが社会人デビューした年にライフスタイル探検隊セッションもデビューしました。

第1回は、普段百貨店を利用しない若い女性に百貨店のファンになってもらおうというテーマで、百貨店のミドルマネジメント層の受講生たちとセッションしました。

探検隊メンバーは、新社会人の23歳の女性たちです。セッション前の彼女たちの百貨店に対する率直な感覚は、こういうものでした。

「普段あまり百貨店を利用していません。だから特徴やメリットもよく知りません」

「本当は、大人になっていくときに、もっと百貨店を使いこなせたらいいなと思っています」

「でも、百貨店から私たちへのアプローチはほとんどないし、どのように入門したらいいのか、よくわからないんです」

２０１３年、百貨店のミドルマネジメントの方々と交流した第1回ライフスタイル探検隊セッションで、とても印象深いシーンがありました。

まず、もちゆかさんからこういう質問が出ました。

「私の友人たちは普段あまり百貨店に行きませんが、ギフトを贈るときには百貨店を頼りにしています。私も先日、恩師へのギフトを贈るときに、どこまでならＯＫだろうか、これじゃあＮＧかなあと悩んでいました。そんなとき、ギフトの常識についてどなたか教えてくれる人がいると助かります。そういう人って、お店のどこかにいらっしゃいますか？」

すると、受講生のＡさんから「皆さんは、うちのホームページを見ていないのですか？ギフトについてアドバイスする専門家が紹介されています。ホームページを見てもらえれば、その悩みはすぐに解決しますよ」という答えが返ってきました。

そのやり取りを聞いた受講生のBさんが、「Aさん、それって違うんじゃないかな。ホームページ見てないの？　じゃなくて、皆さんに見てもらえてないってことが本質的な問題なんだと思うよ」という意見を述べました。

すると、Aさんは「いやあ、確かにその通りだ。当然伝わっていると思っていたけれど、うちのメッセージは伝わっていないんだ。大いなる自己中でした！　我々は、どうすれば伝わるのかから考え直さなくちゃいけないよね」と発言したのです。

まさに、受講生たちの〝気づきの瞬間〟でした。探検隊メンバーの発言をきっかけにして、受講生間で気づき合い、高め合っていく、実に素敵なシーンでした。それは同時に、今後もライフスタイル探検隊セッションをやる意義があるということを私たちに気づかせてくれた瞬間でもありました。

後日、Aさんと会ったときにも、「探検隊セッションは刺激的でした。若い人たちにこんなにも知られてないということを私たちは知らなかった。若い世代のお客様へのアプローチや情報の取り方など、従来型では全然ダメだということが改めて理解できました。内部にいると気づかないものですね。商品やサービスについての気づきだけじゃなく、普段の仕事の進め方についても課題を見つけることができて良かったです」と言っていました。

またBさんも、「すごい衝撃を受けました。その分、たくさんの気づきを得ることができました。例えば、若い世代の顧客へ情報を伝える難しさ。百貨店として発信しているつもりになっていることが伝わっていなかったことや、顧客視点に立てていなかったことがわかりました。若い世代ではSNSを通じた情報の取り方や、商品やサービスや接客販売に対する価値観が根本的に変化していて、それをしっかりと捉え、仕事の仕方を変えていかないと百貨店はファンをつくれないと痛感しました」と異口同音の感想を述べていました。

もちゆかさんと私の間で、「これからもっとたくさんのメンバーにお店や現場を探検してもらい、もっともっと皆さんのお役に立てるセッションにしていこう」と決意を新たにした第1回セッションでした。

エピソード2「普通のOLを連れてきてください！」

2014年、ライフスタイル探検隊セッション2年目。この年も、印象深いシーンがありました。ファッション専門店の商品開発部門とセッションしたときのことです。

ファッションというとどうしても、スーツ、パンツ、コートなど、衣料品が話題の中心になります。

商品開発担当のCさんが「今、私たちはキャリアOLを支援する斬新なファッションブランドを開発したいと考えています。皆さんがどんな商品を求めているか、率直な意見を聞かせてください」と切り出しました。

すると、探検隊メンバーの一人が「ファッションって何ですか？　洋服のことですか？」と質問します。Cさんは「まあ、ファッションの領域はどうしても衣料品が中心にはなりますね」と答えます。

すると「キャリア女子を本気で応援するのであれば、これまでは男性が主力だった営業の分野で活躍する女子がすごく増えていることに着目してほしいと思います。外回りをする営業女子にとって、確かに洋服や靴も大切ですが、フィットするカバンがなくて困っています。多くの営業女子が一番困っているカバンを何とかしてください」と発言しました。

「例えば、どんなカバンですか？」

「仕事上で必要とされる機能は、ノートパソコンとA4書類を入れる封筒が収まる大きさであること。肩にかけて常に持ち歩くから、持ち手の紐の部分が丈夫であること。もう一つ大切な要素があります。私たちは、仕事を終えたら、そのままコミュニティに参加したり、友人たちが開催するフェスや食事会に駆けつけます。時には、その様子をSNSに投稿したりもします。だから、センスあるカジュアル感も必要です。店頭に並んでいる大半のカバンは、

どんなシーンでも マッチするカバン

機能性は男性用、デザイン性は女性用を出発点としてつくられていると思われます。だから、機能もデザインも何だか中途半端で、今一つ購入する気になれません。はじめから、営業女子のために！という明確なコンセプトで開発してほしいです」

「なるほど。よくわかりました。一応そのこともよく考えたいと思います。ご意見ありがとうございます」

こんなやり取りがありました。

セッション終了後、Cさんは私に「コミュニティ活動やフェスに駆けつけ、その様子をSNSに投稿して友人と共感をシェアすると言っていたけれど、今日セッションに参加してくれた人たちは時代の先端を行く、かなり進んでいる人たちですね。今度このようなセッションをする機会がありましたら、もう少し普通のOLの意見を聞きたいと思います。ぜひ、普通のOLを連れてきてください」と頼まれてしまいました。

後日、このことをもちゆかさんや探検隊メンバーと話したら、こういう声が異口同音に返ってきました。

「いや、これが普通のOL像じゃないかと思いますよ。ラルフローレンとかのスーツに、ヒールがちょっと高めのパンプスを履いて、颯爽と丸の内に通うといった憧れの姿をキャリアOLファッションのスタンダードとして考えて商品開発していくほうが疑問です。私たちの間では、普通とかオーソドックスという概念そのものがなくなっています。商品開発をする側からすると面倒なのかもしれないけれど、大きな塊はなくて、実に多極化していると思いますよ」

それ以降、「これがリアルな実態なのです」ということをもっと客観的にわかりやすく示す方法はないだろうかとメンバーで徹底的に議論しました。その結果、この世代の多くの人たちが喜ぶ顔や姿が見えるアンケートを実施しようということになったのです。サンプル数だけが多い無機質なアンケートではなく、スコアの背景がわかるアンケートを取ってセッションのバックボーンにしようということになりました。

直接語り合って、若い人たちの声や実感を生々しく伝えるという点では、すでに意味あるセッションになっていましたが、さらに、若者の声の背景や客観性を「見える化」する手法も取り入れたという意味で、その契機となった出来事でした。

これ以降、ライフスタイル探検隊はボイス分析＋実際の交流というスタイルを確立し、さらにパワーアップしました。

エピソード3 「店内撮影は禁止です」

２０１５年、それは「インスタ映え」という言葉が流行語大賞になる２年前のセッションでの出来事です。

昔から「お客様の３つの満足」を満たすことが大切だということが販売員の教育では言われています。例えば、ジャケットを購入した場合はこんな感じでしょうか。

１つ目は、店頭で販売員のアドバイスにより「良いものが買えた」という満足。

２つ目は、帰宅後に試着したら「自分が素敵になった」と思える満足。

３つ目は、後日それを着て友人と会ったときに「あら素敵ね」とほめられる満足。

ところが、「私たちはＳＮＳに投稿し、友人と共感をシェアすることで、初めてモノゴトが決着する世代なのです」という探検隊メンバーの発言が企業に衝撃を与えます。

気になる商品を撮影してＳＮＳでその場で友人や家族に送り、アドバイスや共感メッセージをもらって、買うか買わないか、どちらを買うかを決めると言います。そうなると、先ほどの「店頭で」「帰宅後」「後日」という時系列の３つの満足の構図も崩れてきます。このことが専門店や百貨店の経営者を大いに悩ませることになりました。

多くのブランドでは、原則として店内撮影は禁止です。やたら流出させたくない独自のノウハウがあるからでしょう。また、ブランドごとの約束事やビジュアルに関する規定もあるでしょう。他のお客様の顔が写ってしまうリスクもあります。だから、そう簡単には「店内撮影いつでもＯＫ」というわけにはいかないでしょう。

とはいえ、店内撮影禁止が新時代の顧客ニーズに合わないことは厳然たる事実です。セッションでの店内撮影のやり取りは、「新しい時代への対応をどうするのですか？」ということを若い世代から経営者に強烈に課題提起した瞬間でした。セッションでやり取りしたすべての企業がその後、「具体的にどう対応するか」を経営会議で真剣に議論したとのことです。

エピソード４「組合員って、私には重たい言葉です」

２０１８年、生活協同組合（以下、生協）の職員の皆さんとセッションしたときのことです。セッション冒頭で、探検隊メンバーから、いきなりこんな意見が飛び出しました。

「私は、安全・安心で、環境にやさしく、健康にも良い生協の商品を利用したいと思っています。利用はしたいんですが、組合員になりませんかと言われると、その言葉は自分にとっては重たいんです。メンバーになりませんか程度なら気軽でいいんですけど、組合員にと言われると何かを背負う感じで、ちょっと……」

生協の組織の中では誰もが当たり前だと思っていた利用者＝組合員という言葉が、若い人たちにとって重たいということに気づいた瞬間でした。外部の人の率直なフィーリングを生協職員はどう受け止め、対処するのでしょうか。

生協は、組合員を主役とした組織で、理念やビジョン、活動や事業の仕組みも組合員や地域社会の生活者が軸となっています。だから、生協を利用するということは、組合員になることと同義語なのです。組織内部では、こんなストレートな意見は誰からも出てこないと思われます。セッションのオープニングは、「超」がつくくらい刺激的だったのではないでしょうか。

もう一つ、印象的なシーンがありました。

営業拡大のための戸別訪問についてディスカッションしようとしたとき、探検隊メンバーから「インターフォンがピンポ〜ンって鳴っても私は一切出ません。営業はすべてお断りです。若い女性ほど、その意識が強いと思います」とズバリ営業拒絶宣言。

生協職員は、新規組合員の獲得に向けて、地域生活者のお宅を1軒1軒丹念に戸別訪問し、営業をかけていきます。しかし、この営業手法に大きな課題が浮上しています。マンションのセキュリティシステムは時代とともに厳しくなり、住民のリスクマネジメント意識もどんどん高まっています。新たに加入してほしい若い女性ほど営業担当の訪問を拒否します。だから、営業手法の見直しを余儀なくされているのです。

生協の無店舗事業は、かつては、同じマンションなどに住んでいる住民3人以上で1つの班をつくり、1か所に届いた商品を班員が個人別に仕分けする「共同購入」がメインでした。しかし、この方式は専業主婦でないとなかなかできないので、女性の社会進出が進むとともに運営が厳しくなってきました。

そこで、1人1人の組合員に直接商品を届ける「個配」が急成長してきたのです。個配は時代の要請を先取りした事業モデルでした。その個配の営業拡大に向けた戸別訪問を「絶対イヤです」と根本から拒否されると、生協側の職員はさぞかし憤慨すると思いきや、素晴らしかったのは、参加者全員が探検隊メンバーの声を真剣に受け止めてくれたのです。「私たちは内部にいると気づかないことが多い。営業方法の見直しが重要だとわかっていても、代案がなく取り掛かれない。打開策を一緒に考えてほしい」と言ってくれました。そのやり取りは両者の距離を一気に縮めました。

さらに「私たちの2030年ビジョンづくりを手伝ってほしい。生協は10年後も必要な存在になれるかを考えると、次の時代の組合員になってほしいF1層にとって魅力ある存在になることが不可欠です。知ってもらい、好きになってもらい、参加してもらい、何度も利用してもらえる生協の未来を皆さんとセッションしながら描きたい」というオファーを受けたのです。また、このセッションをきっかけに探検隊メンバーも生協の組合員になりました。

このように、双方にとって刺激的で生産的なセッションになりました。

さまざまなシーンでの気づきによって、ライフスタイル探検隊セッションは内容もスタイルも改善されながら、年を追うごとにパワーアップしてきました。

3 ライフスタイル探検隊との交流で得られるメリット

新時代に対応するためのアイデアとノウハウが集積している

ライフスタイル探検隊との交流によって、企業はたくさんの副産物を得ることができます。これまでもセッションをした後、イベントの開催や新たなサービスの共同企画など、さまざまな局面でコラボレーションしています。

ここでは、ライフスタイル探検隊との交流で得られるメリットについて少し整理してみましょう。

●大人が忘れ去った若い感性が集積する場

「なぜ大学に行かなければならないのだろうか」と本気で考え込む子ども。「なぜそんなことに悩むのか。大学を出ておいたほうが良いに決まっている。出ておかないと後悔する。有名ブランド大学に入ってほしい」と願う親。親は自分自身の価値観と経験則から「大学受験は当たり前」と考えて子どもの説得にかかります。

ここではその是非を問うのではなく、マーケティングという側面からこのシーンについて考えたいと思います。当事者のデリケートな気持ちを瞬時にして共感できるかという問題です。大人には、かつては自分もそう思っていたことがあるけれど、今では忘れ去った感覚があります。Ｆ１層やＭ１層を取り込むには、若者の悩みやデリケートな感覚や多極化する嗜好を的確に把握しなくてはなりません。大学受験の例で示したような大人の価値観で勝手に決めつけることができないのです。

ライフスタイル探検隊には、若者の当事者意識、若い感性、デリケートな心境、多極化している嗜好性など、大人が忘れた若者のリアリティが集積しています。

●密度が濃いボイスの収集が可能

私は数年前からライフスタイル探検隊メンバーの力を借りて、若者の率直な声をたくさん収集させていただいています。何事にも一生懸命な皆さんはたくさんの声を収集しようと頑張ってくれます。本当にありがたいことで、いつも感謝の気持ちでいっぱいになります。

コミュニティのメンバーの声だけでなく、友人や知人にも広げてもらえるので、好み、価値観、購買特性、金銭感覚、行動特性、経験や蓄積、感性、職業観、将来のビジョンなど、あらゆるジャンルの問いかけにバリエーション豊かな意見をいただけます。

顔が見える人の声を多数収集し、現実や本音をニュートラルに切り取っているので、「何が若者の普通の姿か」「それがどのように多極化しているか」というF1層の実態がよくわかります。サンプル数だけ多い「顔が見えないアンケート」では到底できないことです。

●発信力の高さとSNSネットワークの活用

F1層の人たちはSNSに投稿して共感をシェアしなければモノゴトが決着しない人すらいる世代ですが、SNSでアンケートを集めにくい高年齢層の声を収集するにも、探検隊メンバーにSNSの窓口やつなぎ役になってもらい、家族や友人やその知人の声を広く集めてもらえば声の収集が可能です。経営者が声高に叫ぶ「ペーパーレス」の先頭ランナーです。

また、若者をイベントなどに動員する場合も、若者コミュニティが持つネットワークパワーを借りれば実に効果的です。

●斬新なアイデアを生み出す若者の活用

ライフスタイル探検隊メンバーは、自身が所属するコミュニティの活動で「どうやって知ってもらうか」「どうやったら多くの人に喜んでもらえるか」など、ゼロから1を生み出すことに日夜奮闘しているので、斬新なアイデアを生み出す力も優れています。

認知度や好感度を高めるプログラムや新しい商品やサービスの開発で、コミュニティ活動をしているメンバーの斬新な発想やアイデアを取り入れることができると、事業創造がスピードアップします。

●企業の未来ビジョンにつながるF１層の未来ビジョン

事業創造するときには、リアルな今を知るだけでは不十分です。お客様自身ですら見えていない「将来、どんなくらし方をしたいか」「そのとき、何をサポートしてほしいか」を想像しなくては、会社や事業の未来を描けません。

未来予想図を語ることは、夢を語り、前に進むことが大好きなライフスタイル探検隊メンバーが最もパワーを発揮する領域です。Ｆ１層の未来ビジョンを傾聴すると企業の未来ビジョンが拓けてきます。

お客様の想いや声をリアルに知って事業プランを構築できる

マーケットが成熟化すればするほど、提供する商品やサービスの品質や機能は当たり前になるので、「水準の差」よりも「魅力や個性の差」で勝負しなくてはならなくなります。

また、お客様は今後ますます人や社会や環境に配慮したエシカル消費志向となり、社会的ミッションを果たす好感度が高い企業から購入したいと思うようになります。だから、お客様に企業そのものを好きになってもらうプログラムが必要不可欠になるのです。

例えば小売業では、商業施設の通路や休憩スペースをもっと広く取ろうという問題がよく議論されると思います。

ベビーカーや車いすが通れて、ゆっくり買い物できる「人にやさしい店づくり」は、高齢者や身体が不自由な人だけでなく、多くのお客様の好感度を高め、利用頻度を高めることにつながります。ただし、売場面積は減少します。そうなると、お客様にとっては良いことだとわかっていても、計算上は生産性が低下するのでなかなか踏み出せません。

しかし、従来とは比較にならないくらい本気で顧客の立場や気持ちを最優先した店づくりをしないと、商売が成り立たなくなる時代になっていくことは事実です。特に、未来のエース顧客となるＦ１層やＭ１層は、そうした企業姿勢に敏感に反応する世代です。企業の都合を乗り越えて社会的ミッションを果たそうとすると、応援したい気持ちが高まり、利用頻度も増えるのです。

その意識がどのくらい高く、利用頻度にどう影響し、顧客や社会にやさしい店づくりが生産性をどのくらい変化させるのか。好きになってもらうには何が必要か、どんなプログラムの優先順位が高いのか。それらをマーケティングするには、お客様と真正面から向き合って語り合うことが最も効率的な方法です。

お客様と真正面から向き合うことが大切な事例をもう一つ紹介します。ある自治体で、街の中に公園をつくることになりました。どんな公園をつくるのか有識者会議を行うことになりました。有識者として参加した人は、土地の所有者、建築設計関係の専門家、市役所の担当部署の幹部などでした。主として小さな子どもがいるお母さんたちが利用する公園ですが、そうした当事者はメンバーに入っていませんでした。会議は有識者だけの意見や判断で進められ、ユーザー視点が入っていなかったため、地域の生活者が使いにくい公園になってしまい、ほとんど利用されなかった例があります。

マーケティングは「使う人にとってどうか」に尽きます。だから「有識者の意見」よりも「当事者の意見」が大切です。ユーザーの想いを傾聴することこそ、成功をもたらすマーケティングの生命線です。

このように「顧客の想いや声をベースに構築しなくてはならない分野」、すなわち「内部で勝手に決めつけてはいけない分野」をどうマーケティングするかは経営にとって大変重要なテーマです。

ライフスタイル探検隊セッションは、F1層やM1層の人たちが等身大の目線で自らの世代の価値観や行動スタイルをマーケティングした上で、企業のリーダーたちと交流します。現在もう少し上の世代やシニア層をターゲットとしている企業にとっても、少し先の消費市場のセンサーであるF1層の研究は「うちは当面関係ないよ」とは言っていられないテーマです。

すべての企業にとって、F1層の声を聞きながら未来のマーケットを研究することは大きな意味があります。とにかく新しい時代への一歩を踏み出すことが必要です。多くの企業にライフスタイル探検隊と交流していただきたいと思っています

これまで述べてきたように、企業とライフスタイル探検隊の交流は多くの視点からウィンウィンの関係をつくれます。ただ一点留意すべきことがあります。未来に向かって、企業とライフスタイル探検隊が「価値共創」しようとすることが重要です。対等な立場でお互いを認め合い、学び合う、本気でコラボレーションする姿勢がないと成功しないプログラムです。

Ｆ１層の価値観と行動特性が未来づくりのセンサーとなる

先日、あるＦ１層の人に連絡したいことがあって、自宅のパソコンのアドレスにメールを送ったところ、なかなか返事がないので、ＬＩＮＥで確認してみたら「普段パソコンを開く習慣がないので、遅れてしまい申し訳ありませんでした」とすぐに返信がありました。

今やスマホ一つで何でも済む時代なので、わざわざパソコンを開くことが面倒な時代になったようです。テクノロジーが、ポータブル（持ち運び）→モバイル（携帯）→ウエアラブル（身体に装着）→インプランタブル（身体の一部）に進化していくと言われていますが、Ｆ１層との何気ない会話の中に、日常生活を支えたり、楽しんだりするツールが早い速度で変化していく様子を垣間見たような瞬間でした。

また、ある企業の入社3年目の若い社員たちとライフスタイル探検隊セッションをしたときのことです。3年目ということは、もちゆかさんたちよりも若い25歳であるにもかかわらず、セッション終了時には「今日は若いお客様のリアルな姿を知ることができて良かった」と感動し、「自分たちがいかに顧客を見ずに上司を見て仕事をしていたか」「まだ3年しか経っていないのに、あっという間に会社に染まってしまったことを再認識させられました」

と言っていました。

「社員としての私」は、「生活者としての私」を早くも忘れてしまい、お客様とマーケットの早い変化についていけていないことを痛感させられた瞬間でした。

このような事例からも、企業の未来づくりのセンサーとなるF1層の価値観や行動特性を追求することは、経営にとって非常に重要であることがわかります。

次の章では、ボイス&ボイスとフォーカスミーティングから浮かび上がるF1層を中心とする若い人たちの価値観や行動特性について深掘りしていきたいと思います。

①F1層を中心とする若者と企業のマネジメント層に参加してもらったボイス&ボイスでは、両者の回答に大きなギャップがあります。なぜギャップが出るのか？　その要因を分析します。

②F1層を中心とする若者の「普段使い」や「マイ・フェイバリット（お気に入り）」を紹介しながら、それらがなぜF1層に受け入れられるのかを分析します。

③一方、若者が「普段あまり意識していない・利用していない」と自己認識している業態やサービスを取り上げ、F1層に意識されないのは「価値を感じないからなのか」「知られていないからなのか」を分析します。

第2章

なぜF1層に支持されないのか

未来のエース顧客となる20代・30代女性の心をつかむには

1　どうしたらＦ１層の行動特性をつかめるのか

企業のマネジメント層がわからないＦ１層の行動特性

若い女性たちと世代が異なるマネジメント層の方々では質問に対する回答に当然ギャップが出ます。どのようなギャップがあったか、３つの事例を紹介します。なお、紹介する事例は、１０００以上の人たちが参加して２０１８年に実施したボイス＆ボイスの回答をベースに、探検隊がフォーカスミーティングで分析したものです。

事例１　Ｆ１層は「食」の分野に投資する

「どんなことにお金をかけていますか？」という質問に、企業のマネジメント層の方々は、「Ｆ１層はファッションや美容にお金をかけている」と想定していますが、Ｆ１層の回答は、それ以上に「食に関心がある」「食の関連でお金を使う」という結果が出ています。

なぜ「食」が重視されるのか？　なぜ「食」にお金と時間とエネルギーをかけるのか？

「食」に関連して、どんな行動をして、どうお金をかけているのか？　フォーカスミーティングでは、次のような重点ボイスが抽出されました。

◆ボイス１：「食」が人と人のつながりをつくる

人に会うときや誰かと深くつながっていくときには、カフェ、ランチ、飲み会など、そこにはたいてい「食」があります。仕事で関係を深めるときに会食は必須です。仕事以外でも、行動の最終地点にはいつも「食」があります。

例えば、スポーツ関連のコミュニティで活動した後は必ずご飯を食べたり、飲みに行ったりします。ヨガの朝活をした後は、スムージーやオーガニックのお店に行きます。友人や仕事のつながりの中で、多くは飲食が絡んでいるので、必然的に「食」にお金を使うという流れになります。

◆ボイス２：「食」はＳＮＳで共感をシェアするときの最強テーマ

Ｆ１層はＳＮＳに投稿して共感をシェアすることによって、初めてモノゴトが決着する世代です。「食」はＳＮＳで写真もアップしやすいし、すべての人にとって接点が多く、わかりやすいテーマなので、共感を得やすく発信力が高いのです。「インスタ映え」という言葉が２０１７年の流行語大賞になったように、ＳＮＳに載せたいという気持ちから、多少お金がかかっても、思い出に残る食事やお店を意識して選ぶ世代でもあります。

◆ボイス3：「食」はファッション・美容・癒し・健康・交流のすべてのセンターポジション

見た目にかわいいスィーツが心を癒すように、最も身近にあって、私たちの疲れを癒してくれるのが「食」です。また、「食」は常に新しいものや独創的なものが登場しやすいので、「食＝ファッション」になります。美味しさ＋見た目の良さで当然お金をかけたくなります。

◆ボイス4：健康や美のためにもできるだけ質の良い食材を購入したい

私たちの仲間は20代後半以降になると、外食よりも自炊でのインスタ投稿が目立つようになります。母親の影響もあり、オーガニック、化学調味料不使用、カフェインレス、つくった人の顔が見える農産物など、健康のためにもできるだけ質の良い食材を購入することを意識しています。「食＝健康＝お金をかけてもよい」ということになります。

また、外面を着飾るより内面からにじみ出る美と健康を求めています。「食」は心身と直接つながっているので、最も身近な「癒し」「ストレス発散」「元気回復」、そして「美容」とイコールなのです。

◆ボイス5：魅力的なお店に行きたい

話題性もあって、雰囲気も良くて、コストパフォーマンスも高いという魅力的なお店がどんどん増えています。特に、おしゃれでカジュアル感もあって、女性一人でも入りやすいお店も増えています。また、重点単品に絞り込んだ〝とんがった専門店〟にも惹かれます。例えば、パンケーキ専門店やポップコーン専門店など、「どれだけ奥深い品揃えがあるのだろう？」と興味津々でお店に行きます。

人は皆「○○が食べたい！」という心理（欲求）がありますが、F1層には、それだけでなく、「素敵なレストランで○○を食べている自分が好き！ 何だかとっても良い感じ！」という心理（満足感）も強くあります。自分へのご褒美の選び方で、身近にあって、しかも成功確率が高いのは、何と言っても魅力的なお店に食事に行くことでしょう。


ボイス＆ボイスのデータを分析しながらフォーカスミーティングで話し合った結果、「食」についてはこのような整理となりました。

マネジメント層の方々は、「美への強い憧れ」および「高単価の商品×中頻度の利用」という観点から、ファッションや美容に一番お金がかかっていると想定したと思われます。ところが、F1層は、「食」は何にでもつながっているから「低単価×多面性×高頻度」で圧倒的に「食」のウエイトが高いと自己認識しているのです。

事例２　F1層は「学習」にお金をかけている

「何にお金をかけているか？」の質問に対してボイス＆ボイスの回答では、F1層の約２割が「学習にお金をかけている」と答えています。マネジメント層の方々は「あまりかけていない」と思っています。Ｆ1層の実態とマネジメント層の想定の大きなズレは、なぜ起こるのでしょうか？

◆ボイス1：将来のリスクを回避するため

転職、非正規、起業、個人事業主など、いろいろな立場で働いていますが、将来を考えると、ＡＩ化による雇用や求められる仕事内容の激変、生涯にわたる就労、年金の減額など、不安材料がいっぱいあります。不安解消に向けて「あなたは何ができるの？」に対する答えとして、専門性が必要だと感じています。勉強しないと生きていけなくなる可能性があるので、会社以外でも学んで、社内外で通用する仕事のスキルアップを図っています。

◆ボイス2：自己実現のため

学習は自己実現に向けての手段であり、資格取得はそれに近づく一歩。周囲の友人たちは多様な資格に挑戦しています。学生時代から学びにお金をかけていて、アルバイト収入は資格取得資金になったりしています。

◆ボイス3：Ｆ1層の学習の捉え方は広い

ヨガも料理も自分磨きもすべて学習に入ります。趣味を楽しみたいということも学習と捉えられるので、お金がかかることになります。Ｆ1層の学習スタイルは大変広く、ストイックに頑張る人もいれば、仲間と一緒に楽しみながら好きなことにいそしむ人もいます。

◆ボイス４：好きなことを仕事にするため

ライフスタイルの多様化や趣味の水準の高度化で、好きなことが仕事になりやすい時代になったと思います。成功した人がメディアで取り上げられると、自分もそうなりたいと思います。でも、どの分野でも、求められる質がだんだん上がっていて、生半可なことでは成功しないと思うので、みんな「まずは学習が不可欠だ」と思っています。

それでは、マネジメント職の方々の予想がずれてしまった原因は何でしょうか？「今の若者は学習していない」と感じているということ以上に、マネジメント層とF１層では、そもそも学習の捉え方が違っていると思われます。マネジメント層は、仕事と趣味と学習を基本的には分けて考えています。ストイックに地道に学ぶことこそ学習だと考えているのでしょう。だから、学習に対する回答は低くなります。

それに対して、F１層は、ストイックに学ぶことだけが学習だとは思っていません。広い意味で、仕事と趣味と学習がつながっています。F１層は、アカデミックな分野ももちろんあるけれど、アロマやヨガも学習であり、ボーダーがわからないくらい学習を広く捉えています。

長期雇用、社内技術、社内教育で育ってきたマネジメント層と、転職しながら超高齢社会で長く通用する自己実現型キャリアを築こうとするF1層との間で、学習の基本概念に隔たりがあるのは当然のことかもしれません。

事例3　F1層は「自宅」が好き

F1層の60%がお気に入りスポットで思い浮かべる場所をカフェと回答(1位)していますが、F1層の35%が自宅と回答(3位)しています。

1位のカフェは想定内ですが、なぜ自宅がそんなに好きなのでしょうか?　マネジメント職の方々は「エネルギーと行動力がある若者は外へ」「外出が億劫になるシニア層は自宅で」と考えていたので、F1層から「自宅」という答えがこんなに多く出るなんて予想していませんでした。若い人たちにとって、自宅ってどんな存在なのでしょうか?　なぜお気に入りスポットなのでしょうか?

◆ボイス1:自宅でできることがどんどん拡大している

ネットショッピングが充実しているため、外に買い物へ行かなくても自宅で買い物ができます。また、スカイプなどを利用して、会話やミーティングも自宅でできます。クラウド上で共有すれば自宅でも充分に仕事ができます。また、わざわざ外食に出かけなくても、自宅で美味しい食事を頼んだりつくったりできます。

◆ボイス2：くらしを豊かにするソフトが充実している

映画のネットサービスに登録しているため、自宅がシアターになります。デリバリーが充実しているため、気軽にホームパーティーもできます。「お料理のレシピも充実しているから創作料理をつくるのが楽しくなった」「家をカフェのような空間にデザインをするのが好き」「自宅でオンライン英会話を通して勉強している時間が楽しみ」などなど、自宅にはくらしを豊かにするソフトが充実しています。

◆ボイス3：人と人とのつながりがあるシェアハウス

シェアハウスで同じような志を持っている仲間と共同生活をしています。友人の友人など、いろいろな人がよく出入りするため、人とつながる場になっています。生活必需のお金を下げたいので、みんなで家賃をシェアしています。おしゃれなシェアハウスが増えているし、一人ぐらしよりも誰かとくらしたほうが何かと安心で楽しいという考え方も広がっているので、住むハードルが低くなっています。

「自宅がなぜ好きか」ということに関しては、このような声が出てきました。

さて、ちょっと極端な例を出しますが、年代が高い人だと、学生時代に、風呂もない、コンビニもない、近くに定食屋がない、出前はラーメンと蕎麦しか取れない、すべての会話が隣室に筒抜け、隙間風で炬燵や布団に潜り込んでも寒い、公衆電話は1キロ離れた所にしかない……そんな下宿生活をしていた人もいると思われます。それでも、友人を下宿に呼んで、時を忘れて語り合った青春の時間は今でも忘れられないと思います。

アンケートに答えるとき、若い頃に自宅で過ごした「楽しかった記憶」が頭によぎっていれば、さまざまなインフラが整ったきれいなお部屋で、気兼ねなく、際限なく、何でも楽しめる現代の自宅は、当然マイフェイバリットスポットの上位ランキングに入ると想定できるはずです。すっかり大人になってしまった方々は、ぜひ〝わが青春〟を思い返してほしいと思います。

「感性」で受け止めないと若者とのギャップは埋まらない

多くのマネジメント職の方々が、「仕事目線」とか「プロ目線」で一生懸命考えようとしすぎている気がします。みんな仕事というバイアスがかかっていて、本来持っている感性を忘れてしまうのです。だから「くらし目線」のF1層のお客様とはますます感覚が離れていきます。生真面目なアプローチやデータを一生懸命分析することが仇になる……人間学であるマーケティングの難しさはここにあります。

今般のようなギャップを埋めるには、仕事目線をいったん捨てて、あるがままに自然体で、自分がやりたいことや楽しいと感じることや、ワクワクすることを「私は一人の人間としてこう感じている。Ｆ１層の人たちだったらどう感じるかな？」と類推し、お客様が喜ぶ顔や姿を思い浮かべながら素直に考えていくしかないと思います。

何よりも自分自身の「感性」で受け止めることが大事です。感性で受け止めるとは「実に良いねえ」「サイコー！」と〝自分事〟として実感することです。データ分析だけに終始することは、クールな〝他人事〟で終わってしまうということです。「感じてみる」「味わってみる」ことが大切なのです。一度体感すると、その後は意識するようになります。

先ほどの「自宅が好き」の例で言えば、自分が若かった頃を自分事として思い出しながら、現代の自宅の環境やＦ１層の行動特性と照らし合わせてみることが重要です。「探検隊のデータによると、Ｆ１層は自宅が好きなんだそうだよ」と第三者視点で受け止めるだけで終わってしまったら、感性は磨かれないのです。普段から、自ら体験し、自分事として受け止めて、マーケティングの感性や直観力を磨いていただきたいと思います。

それでも感性の鋭さは若者には到底かなわないでしょう。マーケティングはできる限り若者に任せ、余計な口出しはせずに、若者から素直に話を聞くことが最も効率的ではないでしょうか。マーケティングにおいて〝傾聴〟は最大の武器なのです。

マネジメント職の方々は、それらを収益化する段階で出番が回ってきます。若者が不案内な投資や経営管理などの分野で、若者をバックアップすることが不可欠です。

そのときに若者のマーケティング感覚と自分自身の感性にギャップがあって、上司がリアルな今と変化の兆しを受け止められないと、ビジネスはそこで止まってしまいます。その結果、旧態依然のまま、あっという間に時代遅れになってしまうのです。組織全体のマーケティング力を高めるためにも、マネジメント層の方々は感性と傾聴力を磨くことが不可欠です。

2 F1層のフェイバリット（お気に入り）を探る

F1層はなぜルミネが好きなのか?

F1層の〝普段使い〟、すなわち「好きなもの」「よく利用するもの」「生活インフラになっているもの」などについて、フォーカスミーティングで整理したことを少し紹介させていただきます。

・好きなブランドは、ユニクロ、無印良品、ロフト、ＺＡＲＡ……などです。
・よく行く商業施設は、ルミネ、ヒカリエ……などです。
・普段ＳＮＳで○○と、このような交流を頻繁にしています。
・Ｔポイントカードは若者にとって、このように便利なのでよく使っています。
・コンビニ、アマゾン、メルカリ、○○アプリは生活インフラになっています。
・よくスターバックスで時間をつぶしたり、仕事したりします。

このように、「やっぱりね」という感じのものがいろいろ出てきます。

一方で、「素敵だから憧れるけど、私たちにはちょっと敷居が高いから、結局、利用しない」と思っているものとして、リッツカールトンなどの高級ホテル、ライブハウスだとブルーノート、銀座や赤坂の高級料亭、高級ブランドの専門店、百貨店などが出てきました。

やりたいことがいっぱいで、いろいろなことにお金と時間とエネルギーを注ぎたいＦ１層には、おしゃれで、安くてかわいくて、コスパが良いプチプラ感覚のものがモテているようです。

また、ＳＮＳ、アプリ、アマゾン、メルカリなどネット系・デジタル系のサービスは、毎日のくらしに必須のツールとなっています。「○○がなくなったらどう思うか？」という質問に「困る」「困らないけれど心情的にはさみしい」「何の影響もない」の３つの選択肢で選んでもらうと、ネット系・デジタル系のサービスやコンテンツは、コンビニとともに「困る」の比率が最も高いものとなっています。

好きな商業施設のアンケートをしたところ、F1層に最も人気が高かったのがルミネでした。そこで、フォーカスミーティングで、「ルミネのどこが好きなのだろうか？」「なぜ行くのだろうか？」ということを10項目程度ピックアップしてみたところ、以下のようになりました。

ボイス1：駅ビル・駅ナカ・駅スグとアクセスが最高。どこかに行くついでに、ふらっと立ち寄れるし、待ち合わせの場所にもできる。

ボイス2：〝プチプラ〟、手頃な価格でおしゃれな雰囲気を味わいながら、気に入った商品を入手できる。すべての商品が手の届く価格帯だから、安心して手に取ることができる。

ボイス3：リーズナブル価格な上にカード5％オフは助かる。

ボイス4：少し先に流行りそうなものがある。店内を通過すると何となくファッショントレンドを感じられる。

ボイス5：キラキラ感ある雰囲気で、照明の色が明るくて清潔感がある。インテリア、カラー、香りなど、ウキウキしてくる感じがある。

ボイス６：全体的にポップな感じ。入りやすく買いやすいので高校生でも行ける。広すぎないから全館使いこなせて楽しめる場所。
ボイス７：店内を歩いている客層が自分たちに近くて、親しみやすい雰囲気。お客様と一緒に雰囲気をつくっている感じ。
ボイス８：販売スタッフが「買う・買わない」に関係なく、どんな人にも、みんなで「いらっしゃいませ」の声掛けをしている。平等、フレンドリー、優しい、かわいい、面白い。
ボイス９：広告が面白くて印象に残る。若者の心理をついたキャッチコピーで行きたくなる。コンセプトがわかりやすく、カラフルでポップな印象は私たちにフィットする。
ボイス10：ルミネ・ザ・よしもと。友人の中にも結構ファンがいる。買い物とは直接関係ないけど、買い物以外の何かがあるって、それが魅力で行く人がいるから重要。

以上10項目、誰が考えても「まあそうだろうな」という要素が並んだのではないかと思われます。

ルミネに限らず、ヒカリエも、アクセス、設備、雰囲気、商品、サービス、コミュニケーションなどの総合力が高いファッションビルなので、プチプラとコスパを求めるF１層を魅了しています。

さて、ルミネには、実はもう一つ〝とっておきの要素〟があります。何だかわかるでしょうか？　それは「カフェ」です。

F1層の多くの人たちは、中学や高校時代から友人と一緒にルミネのカフェを利用して楽しい時間を過ごしてきました。中学高校のときから馴染みがあるので、全館の雰囲気もロケーションも扱っているブランドも熟知していて、何の抵抗感もなく入れるのです。だから、社会人になっても「待ち合わせ場所、どこにしようか？」というと、ついつい「じゃあルミネで」となります。

また、カフェには電源環境とWi-Fiがとても重要です。ルミネに行けば電源があるカフェがあるのがわかっていて、中には電源が二つある席もあります。これは最高の環境です。ルミネは、買い物に行くところか、カフェなのかと聞かれたら、「両方！」と答えたくなる場所のようです。

F1層がルミネに行き続ける根強い人気の秘訣は、このへんにありそうです。社会人に来てほしいから社会人に仕掛けるのではなく、予備軍の人たちに好きになってもらえるよう、馴染んでもらえるよう、もっと早い時期から仕掛けることがいかに重要かを気づかせてくれる事例です。

F１層にとって百貨店はどんな存在？

一方、〝憧れ〟ではあるけれど、「ちょっと敷居が高い」と言われる業態はF1層にとってどんな存在なのでしょうか？

百貨店のリーダーたちとライフスタイル探検隊セッションを実施する前に、ボイス&ボイスで「あなたにとって百貨店はどんな存在ですか？」「百貨店に対する率直なイメージを教えてください」という質問をしました。

答えの1位は「何とも思わない」「強いイメージは持っていない」でした。なかなか厳しいメッセージですが、本当のところF1層は百貨店をどう思っているのでしょうか？　フォーカスミーティングで整理したので紹介します。

ボイス１：「憧れの存在」だけど、「何となく高そうで敷居が高い」というイメージを持ってしまう。だから気軽に立ち寄れないし、フラフラできないと思ってしまう。

ボイス２：百貨店のターゲットは明らかに自分たちではないというイメージを抱いている。だから、商品は何でもあるけど、自分たちが欲しいものがあるというイメージをあまり持てない。

ボイス3：各フロアに買物休憩用の喫茶店はあるけれど、おしゃれでカジュアルでスマホやPC用の電源がある若者向けのカフェがない。だから友人たちもみんな百貨店には行かなくなる。

ボイス4：ギフト選びとか明確な目的があれば行くけど、そうでないと行かない。友達と行くというよりも、目的があるときに1人で買い物に行くという感じ。

ボイス5：販売員はセレブやきちんとした大人の女性を相手にしている感じがあり、気後れしてしまう。買う人か買いそうな人でないと歓迎されない雰囲気があるから、お金を持っていなくて買わないときは行きづらい感じ。

ボイス6：私自身は、母と一緒に行っていた子どもの頃の楽しい思い出がいっぱいある。今も行ってみると、面白い催事がたくさんある。でも、多くの友人は、私ほど子どもの頃からの体験がなく、また関心もないため、百貨店の良さや魅力を知らないままである。

ボイス7：私たちに向けた情報発信がほとんどない。あるのかも知れないけれど伝わってこない。チラシ広告、新聞、テレビでの広告が多いようだけど、私たちは新聞を取っていないし、テレビもあまり見ない。情報の入手は何といっても口コミサイト。友人、家族、信頼している人など等身大の口コミは影響力がある。特にコミュニティ内での口コミは見る頻度が高いから絶大な影響力がある。その話題の中に百貨店はあまり出てこない。

探検隊コアメンバーは、Ｆ１層がなぜそのように答えるのかについて議論しました。

「ルミネが一方的に良くて、百貨店が一方的に不人気ということじゃないと思うんだけど」

「百貨店は本当にＦ１層とミスマッチなのか。マイ・フェイバリットになりそうなものは何もないのだろうか？」

「私たちが知らないだけじゃないの？　知ってみるといろいろな発見があるかもしれない」

「本当のところはどうなのだろうか？　実際に行って体験してみないとわからない」

こういった声が上がりました。課題をとことん追求するライフスタイル探検隊はすぐに行動に移します。

百貨店をはじめとして、Ｆ１層から「セレブ向け」「大人使い」「気後れしちゃう」「テイストが違うのでは？」と思われている業態の店舗や施設に行って、実際にサービスを体験してみようということになりました。

3 体験しなければ本当の価値はわからない

今の私には「ちょっと遠い存在」に触れてみよう！

そこで探検隊は今回、「百貨店」と「高級ブランド専門店」と「生活協同組合」を調査したいと考えました。百貨店や高級ブランド専門店は「セレブ相手の店で大人が行くところ」「高価なモノだけが並んでいて買物をしないと楽しめない」というイメージを持たれています。生活協同組合は「シニア層や食べ盛りの子どもを育てている自分たちよりも上の世代のお母さんがターゲットだから、自分たちとは目的もテイストも違う」と思われています。

今回、伊勢丹新宿店、西武池袋本店、そごう横浜店、バーニーズ ニューヨークの銀座本店と六本木店、生活協同組合パルシステム千葉が運営するパルひろば☆ちばの皆様にご協力いただき、ライフスタイル探検隊メンバーがいろいろな体験をさせていただきました。主な体験をビジュアルでご紹介させていただきながら、私たちの感じたことや発見したことをお伝えしたいと思います。

体験と発見

いつもと違う
世界に飛び込んでみよう
新しい感動が
待っているかもしれない

伊勢丹新宿店

少し背伸びしたくなる百貨店
どんな素敵な出会いがあるかな
ワクワク感とドキドキ感が……

ワクワクする気分が
胸いっぱいに広がる素敵な空間
フロアごとに新しい世界に
出会えそう

楽しく会話しながら ファッションが深く学べる！

普段私が手に取らないものを
提案してくれるアテンダント
「これまでの私」から「新しい私」に
挑戦したくなる

素敵なラッピングで私だけの特別感が！

ビオワインの
飲み比べができる！
バースデープレゼントは
これで決まり

贈り物をするとき
ラッピングに
こだわれるって
すごく嬉しい

私たちの思いが
詰まった
オンリーワンの
プレゼントになったね

おしゃれなカードがこんなにたくさん！

お気に入りのカードを選んだら
今の思いをその場で書いて
投函できるのが嬉しい

本館5階にあるカード売場の
すぐ横にはライティングデスクも
ポストもある

西武池袋本店

お世話になった方へのギフトって
いつも悩んでしまいます
コンシェルジュに尋ねたら
売場まで案内していただき
品選びのアドバイスも
してくださいました
たくさんある商品の中から
ピッタリのものが
選べてとても嬉しいです！

リメイクもリフォームもしてくれる「パーソナルオーダー」
「良いものを長く使いたい……」
そんな思いを叶えてくれるところ
モノを大切にしたい私たちのコンセプトにピッタリです

こんなサービスがあるなんて知らなかった！

大切にしていることや
忘れられないシーン
思い出を話したらスタッフの方が
素敵なリメイクを提案してくれました
また一つ宝物が増える！って思いました

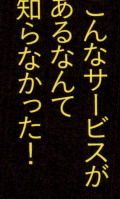

そごう横浜店

パーティや友人の
結婚式前のヘアセットを
プロが仕上げてくれる
キレイになって
そのまま行けるって
サイコー！

メイクやアドバイスしてもらっている
シーンをそのまま動画に撮れる
このミラーすごいです
スマホに送って次は自分でやってみる

身体の外側からも
内側からも美を追求する私たち
いろいろ試したい、診断してほしい、
カウンセリングも受けたい
そんな願いを叶えてくれる
キレイステーション

女性にとって
嬉しいことが詰まった場所！

髪の毛を傷ませずに
綺麗に巻きたい……
初めてのエアーアイロンを体験

ビフォー・アフター
見違えるよう！

バーニーズ　ニューヨーク

バーニーズ　ニューヨーク銀座本店

ラグジュアリースペシャリティストア
すべての空間の細部までこだわるのが
バーニーズ　ニューヨーク流とのこと
知れば知るほど感動！

バーニーズ　ニューヨーク六本木店

お店全体で
ショッピング
エンターテイメントを
提供してくれます

上質な空間、心地良い緊張感！

特別感がある落ち着いた空間
何だか自分がレディに
なったような気分

バーニーズ　ニューヨークベビーの
アイコンであるライオン
可愛くて出産祝いに最適
接客もフレンドリーで
心地良いです

ゆったりとした時間、最高のおもてなし

カフェの装飾もとってもお洒落
バーニーズ　ニューヨークらしさが
漂う中でステキな時間が
流れていくね

日常に特別感やアクセントを
与えてくれる珈琲
思わず笑顔に
なっちゃいます

オーダーした珈琲の
豆の香りは
とてもさわやか！
珈琲について
もっと知りたくなります

オシャレな空間に
身近な演出が！

ここにいるだけでワクワクしてきます！

人気映画との限定イベントでは
ポップコーンのサービスも
映画館のような雰囲気に包まれた
楽しいひとときでした

持ち帰りができる
素敵なステッカー
何に使おうかな

食べることは生きること！

くらしを豊かにする
商品と情報が満載！
パルシステムのカタログ
産直と環境にこだわっています

生活協同組合 パルシステム千葉

生協って心豊かなくらしを実現したい
私たちを力強く応援してくれるんですね！

家族そろって体験する産地交流
楽しみながら学びが

私たちは商品とともに笑顔と真心も
お届けします

地域の コミュニティスペース 「パルひろば☆ちば」を 訪問しました！

パルシステムの理念やミッションが
私たちミーリンクの活動とも通じて、共感の嵐！

子どもが笑顔になれる場所　ママパパを応援してくれる場所
キッズスペースにはパルシステムのこだわりと専門性が

パルシステムの皆さんとミーリンクで
一緒にお料理を作りました
また一つ新しい思い出ができました

もちゆかの体験後記～もっと共感をシェアできたら

今回探検隊メンバーとともに体験させていただいた店舗やサービスは、ボイス&ボイスやフォーカスミーティングで、「普段はあまり利用しない」「何となくのイメージは持っているけど、具体的なサービスや商品はよくわからない」「何となく憧れる感覚はあるけど、高価なイメージがあり、自分には少し敷居が高い」という回答があったものばかりでした。そうした回答には、私もさほど違和感がなく、どちらかというと共感するものでした。

今回は敢えて、私たちが普段は行かない場所を選択し、「自分たちには本当に必要ないものなのか？」「自分たちとはミスマッチなのか？」ということを確認したいという気持ちで体験させていただきました。

実際に行ってみると、想像以上に自分にフィットするものや友人に勧めたくなるサービスや商品と出会うことができました。

・ホームページではよくわからなかったけど、行ってみたらすごく良かった
・モノを買う所って印象が強かったけど、素敵な体験をできる所だってことがわかった
・高価な印象があったけど、意外と私たちが普段使っている店と同じ価格帯のものも多い

・以前から「こんなサービスあったらいいな」と思っていたものがあった
・私たちのコミュニティの活動理念と同じようなことを掲げていて共感した

このように、これまで知らなかった魅力や価値をたくさん発見することができました。そして、何と言っても「人と人との触れ合い」に感動しました。人と人が触れ合うと、共感が生まれます。

お店の方との会話の中で自分では気づいていなかったことに気づけたり、少し不安だったことに自信を持てるようになったり……一つ一つの会話の中に学びがあり、普段は出会えない発見や感動を味わえる。今回はそんな気持ちの連続でした。

そのような体験をしてみて、私が感じたことを率直に申し上げます。

企業の皆様にお伝えしたいのは、「こんなに良いものがあるのだから、もっと私たちにも情報を届けていただけたら嬉しいです」ということです。

私たちは普段身近な人からの広告感がない、等身大でナチュラルな口コミで共感をシェアしながらつながっています。もっともっとその中に入り込んできてほしいと思います。もっと知れば、Ｆ１層からの見え方が変わり、きっとファンが増えると思います。

一方、消費者である同世代の友人には、「今回初めて体験したけど、こんな良いサービスあったよ！　知らないと、使わないと、もったいないよ！」という思いを伝えたいです。

私たちには、これから先、たくさんの人生の節目が来ます。そのとき、相談したり、豊かなくらしの実現を支援してくれるサービスの選択肢がたくさん持てると素敵ですよね。私たちは普段、わりと慌ただしく買い物していることも多いので、じっくり接すると、いつもの普段使いとは異なる、もう一つのマイ・フェイバリットになると思いました。

思い返すと、「知らないから普段使っていない」というサービスや商品はたくさんあると思います。新しいサービスや商品を知るきっかけは、「人に勧められた」「話題になっていた」「たまたま広告を目にした」などいろいろなパターンがあります。

でも、私たちが普段日常的に目にする情報は使い慣れているネットのニュースやSNSの広告など、かなり限られています。そこで得られない情報は意識しないとなかなか入ってきません。視野を広げ、さまざまなことを知ることや、実際に体験することの大切さを改めて実感させていただきました。

「気になる存在」になることが最優先テーマ

もちゆかさんの体験後記はいかがでしたか？　さて話はがらりと変わりますが、「好きなタレントランキング」という一覧表をご覧になったことがあると思います。例えば、タレントを次のように区分してみましょう。

①好きなタレントの上位にランクインしている
②嫌いなタレントの上位にランクインしている
③好きなタレントと嫌いなタレント両方にランクインしている
④両方ともランクインしていない

マーケティングの視点で考えると、①〜③と④は、まったく別のことです。

①〜③は、好きか嫌いかは別として、いずれにしても「気になる存在」だということです。すなわち、「認知度が高い」「記憶に残っている」「インパクトがある」ということです。嫌いのほうでランクインしているタレントは、好感度を高めるための対策を打つか、個性やインパクトが狙い通りだから、そのままでいいとするかは事務所のタレント戦略によって違ってきます。

でも、④は多くの人たちが「知らない」「興味ない」「インパクトがない」「記憶にない」ということで、好き嫌い以前の問題です。人気商売なので、これは何とかしなくてはなりません。多くの人々に知ってもらい、価値をわかってもらうためには、どういう個性や魅力や技術を磨いて、どういう方法で認知度を高めるのか。人々の意識や記憶のスイッチをオフからオンへと転換させるための戦略を立てなくてはなりません。

こんなに知られていないことを企業は「こんなに知らない」

こうした人気商売は、タレントに限ったことではありません。自治体は、住みたくなる、行きたくなる人気都市を目指しているし、ビジネスは当然、価値や魅力をわかってもらわなければ成り立たない人気商売です。

マーケティングの8割以上の問題は、お客様に知られていないことだと言われています。知らないと無関心を超えてマイナスイメージを抱いてしまうようになりがちです。

今回、ライフスタイル探検隊が体験した3業態に置き換えてみましょう。ルミネのカフェには中学高校時代から行っているので馴染みがあるという報告がありました。「よく知っている」ということが親近感や好感度を高めていきます。「本当に好き」と「とりあえず行ってみよう」が合算されて、プラススパイラルを引き起こします。

一方、「百貨店をどう思っていますか?」のF1層の答えは「別に何とも思わない」がトップでした。意識や記憶の中に存在していない状況なので、自然と足が遠のいていきます。いつの間にか「私たちとミスマッチかも」という思いが生じます。

「ミスマッチ＝事実」であれば、「嫌いから好きに転換させる対策が必要」です。「ミスマッチかも」であれば、好き嫌い以前の問題だから「知ってもらうための対策が必要」ということになります。

もちゆかさんの体験後記にも書かれているように、知ってもらって、馴染んでくると、大好きになるかもしれないし、いろいろな可能性を秘めているのです。もちゆかさんは、これらの業態に、若者に迎合するサービスは求めていません。若い人たちに魅力や価値を正しく知らせてほしいということを伝えたいのです。まずは知ってもらって、正しく価値を認識してもらうことに尽きます。

Ｆ１層は商品を購入するとき、ネットも店舗も両方使います。心に響く何かがないとリアル店舗にわざわざ足を運びません。単にセンスのいい商品が何でも揃っているという便利さやバリエーションだけではなく、そこに行けば、気づきや発見や学びや提案があるという特別な価値があれば、心に止め、好きになり、店に足を運ぶようになります。

単なるプロモーション（販促）という次元ではない、顧客とのコミュニケーション（交流＋価値の伝達＋共感シェア）が、もっともっと必要だということです。

ブランド企業の人ほど「こんなに知られていない」ということを自らは知らない場合が多いのです。Ｆ１層に対しては、「もっと知ってもらうプログラム」「もっと好きになってもらうプログラム」「価値を発見してもらうプログラム」をゼロスタートの立ち位置で練ったほうがよいと思われます。

リアル店舗もネットサービスも多様化し、情報が氾濫する中で、顧客に存在と価値を知ってもらうことは、どんなブランド企業であっても並大抵のことではないと厳しく認識しなくてはなりません。ターゲット顧客に合わせたアプローチで語りかけていくことが必要です。

一方、F1層の人たちは、情報収集も行動範囲も現状の身近な範囲で満足してしまっているかもしれないし、未体験ゾーンに対して自ら高い壁をつくっているかもしれません。

心豊かな人生を送るには行動範囲と選択肢を拡大することが大切です。若いときに馴染みがなかったものは、大人になったからといって急に利用する気にはなりませんよね。「あれは大人遣いの店だから私とは無縁」と一生言い続けることがないように、そして何でも使いこなせるようになるために、もっと好奇心や冒険心を持って、思い切って、いろいろな店舗や施設に飛び込んでほしいと思います。

第3章

共感でつながる若者のコミュニティ活動

若者コミュニティはなぜ大きなパワーとなって広がっていくのか

1 さまざまなコミュニティのミッションと活動

若者の行動特性をあらわすコミュニティ活動

ライフスタイル探検隊のボイス&ボイスでは、「SNSなどをどのように使って、どんな交流をして、みんながどのようにつながっていくのか？」ということをさまざまな角度から分析しています。

F1層の買い物に関するボイス&ボイスでは、購入したいと思ったときには、まずはネットで情報検索し、そのまま購入する場合もあるけれど、やはりリアル店舗で体験してから購入したい商品やサービスもたくさんあるという結果が出たことは前述の通りです。

F1層の交流の仕方は「ネットか、リアルか」ではなく、「ネットも、リアルも」使いこなす世代だから、「ネットからリアルへ」「リアルからネットへ」と縦横無尽に行き来するのです。

そんなF1層のことを深く理解するために重要な要素となるのが、彼らのコミュニティ活動です。ＳＮＳで友人や知人と頻繁に共感をシェアし合っているＦ１層。その共感はどんどんネットワークでつながっていき、それはネットの世界に留まらず、リアルの場へとつながっていきます。

「食事会やらない？」くらいから始まって、やがて「フェスを開催して、たくさんの人たちと楽しもう」「社会にインパクトがある大規模なイベントを企画しよう」「全国で社会貢献活動をやろう」「こんな団体を立ち上げたから参加してほしい」「こんな想いを実現するために一緒に事業を始めよう」など、さまざまなバリエーションでつながっていきます。

それぞれの集団は、明確な社会的テーマを掲げながら、そのテーマに共感する個人がどんどん集まってきて、大きなパワーを持った「挑戦的な個性派集団」となり、すごい勢いで拡大していきます。それがコミュニティ活動です。

人は何かしら自己実現したいという欲求や、人や社会の役に立ちたいという欲求を持っています。コミュニティ活動は「やりたいことといっぱい！」のＦ１層やＭ１層一人一人の思いの集積がパワーとなって拡大します。

この章では、若者の行動特性を知る上で欠かせない重要なケーススタディとして、コミュニティ活動を取り上げたいと思います。どんなテーマで、どんなことをやっているのでしょうか？

三十路祭り、きゅーまる／90年会、チャリティーサンタ、マツリズム、カイゴリーダーズという5つのコミュニティ活動について、もちゆかさんがMC役となって、各コミュニティのリーダーに思いを語ってもらおうと思います。

同じ年齢という共感がパワーとなる「同い年コミュニティ」

本当の成人式は30歳

一般社団法人三十路祭り実行委員会
橋本夕子さん

望月：同い年コミュニティってものすごいパワーがありますよね。三十路祭りはその典型だと思います。今日は代表して橋本夕子さんに来ていただきましたが、橋本さんは2018年2月にヒカリエで開催した三十路祭りの実行委員でしたね。その年のヒカリエの集客第1位が安室奈美恵さんの展示会で、第2位が三十路祭りでした。これって、ものすごいイベントをやったことになりますが、まず三十路祭りの概要をお話していただけますか？

橋本：三十路祭りは、2016年から始まった30歳による30歳のためのお祭りで、成人式から10年が経ち、再び人生の節目の年を迎えた全国の30歳が一堂に会する国内最大の30歳を祝う祝典です。初回が横浜の大さん橋、第2回が東京ビックサイトで、全国から何千人もの同

い年の仲間を迎える超ビッグイベントを実施しました。私たちが三代目として引き継いで、夫、妻、父、母、離婚、起業、転職など20歳の成人式ではほとんど見られなかったさまざまな立場や生き方をしている人たちが集い、２０１８年2月に渋谷ヒカリエで開催しました。ＳＮＳや友人の紹介などを通じて、全国から来場してくれた人たち全員で「三十路に乾杯〜！」と盛大にキックオフした後、キャリア、ラブ、マネー、子育てなど、30歳が直面するさまざまな人生のテーマと真剣かつ楽しみながら向き合います。

環境も心境も大きく変化が起こるときに同い年の人たちはどんなことを考え、どんなことをしているのか。多くの可能性と考え方を持つ同い年の仲間と出会うことで、20代までの自分を打ち破り、30代からのチャレンジの後押しやコミュニティづくりのきっかけの場になればとても嬉しく思います。

望月：実行委員会のメンバーになぜなったのか、なってみての感想を聞かせてください。

橋本：実行委員会のメンバーは有志の集まりです。

私は、30代はエネルギッシュな働き盛りで、日本経済を支えていく責任ある立場だと考えていたので、30代が元気になれば社会全体が良くなると思い、友人に誘われて参加しました。社会人になってから同い年の人に会う機会はあまりなかったので、生き方の多様性やそれぞれの熱い思いに驚いたのが正直な感想です。同じ年度に生まれ、同じときに義務教育を終え、ほぼ同じときに社会人になったのに、こんなに違うものかと思いました。

望月：いろいろな立場の人が集まって活動するからこそ、大変なこともあったのではないでしょうか？

橋本：日中はみんな仕事があるので、メンバーとは夜や休日に集まって会議をしていました。夜10時から終電まで会議とか、今思うとよく仕事をこなしながら対応していたなと我ながら感心します（苦笑）。私は営業部を担当しましたが、自分の経験や人脈をフルに活用しました。最終的にはメンバー全員で協力し、50以上の企業や団体にご支援いただくことができました。深く感謝しています。メンバーも正直言って、イベント開催の経験が豊かなわけではありません。だから、誰にとっても想像を超えるチャレンジでした。各自が持っている知識や経験や人脈を駆使して頑張った結果、無事に開催し、成功させることができました。

望月：30代を迎える大きな節目で、高いハードルを超える体験をしたわけですね。

橋本：実行委員の仲間とは三十路祭りの大きなイベントを一緒に乗り越えた仲なので、その後もつながりが継続しています。私が担当した87～88年世代のテーマは「攻めの三十路」でした。私も30代は挑戦する姿勢を忘れないようにしていきます！

「何をするか」より「誰とするか」

きゅーまる／90年会
駒ケ峯誉さん

望月：駒ケ峯さんは１９９０年生まれの同い年コミュニティを立ち上げて、ずっと継続されていますが、どんな活動をしているのですか？

駒ケ峯：きゅーまる／90年会は、１９９０年4月2日～１９９１年4月１日生まれ限定の非営利の同い年コミュニティです。同い年だけの学校を運営し、学びの場・部活動・運動会・文化祭など、学校行事に沿ったイベントを開催しています。また、お客様も店員も同い年限定の飲食店「酔い処－ＳＡＢ－」を運営しています。

望月：きゅーまるの目的ってどんなことですか？

駒ケ峯：ずばり〝仲間探し〟です。友達、恋人、家族……など、価値観を共有できる人に出逢えるかどうかで、１回の人生は大きく変わります。だから「何をするか」より「誰とするか」が大切だと思うのです。

望月：なぜ、この会がスタートしたのですか？

駒ケ峯：僕が23歳、独立を目指して居酒屋で働いていたときのことなんですが、同い年というだけで、初対面でも打ち解けられる特別な感覚が忘れられず、「同い年って何か不思議な力がある」と思い、２０１４年3月21日、一軒の居酒屋を貸切にして、90年生まれだけで飲み会を行い、それが僕にとって人生の転機となりました。きゅーまるのスタートです。

望月：それからずっと継続どころか発展している。すごいなあって思います。なぜ継続できるのでしょうか?

駒ケ峯：運営メンバーを大々的に募集したわけではなく、「自分に何かできることはないか?」「お手伝いさせて!」と、イベント参加者だった人たちが自然と運営メンバーとなり、気がつけば、それぞれが単なる友達から〝仲間〟へと変わっていきました。僕は多くの仲間が「誰かのために!」と自発的に動く姿にいつも感動しています。

それから、「きゅーまるって良い人が多いよね」と言われることがよくあります。良い人が多いのではなく、良い人でいられる場所、人の根っこにある純粋さを表に出せるのがきゅーまるという場所だと思っています。コミュニティを無理やり大きくしようとしない考え方や入会・退会などの窮屈な制度をつくらない自然体の運営が、ここまで広がってきた理由です。

望月：こうした動きは、きゅーまる／90年会にとどまらず、91、92、93年生まれ……と、どんどん輪が広がり、現在90年会～97年会まで年代別の運動会を開催するなど、各地に同い年コミュニティの輪が確実に広がっていますね。

駒ケ峯：同じ時代に生まれた仲間と過ごす時間は、日々の忙しさで忘れている純粋な気持ちを思い出させてくれます。生涯消えることのない〝同い年という目に見えない力〟。時代は同い年コミュニティだと声を大にして伝えたいです。きゅーまるは僕が最初に言い始めた発起人なだけであり、本当にみんなの支えのおかげで今があります。一生続くコミュニティを目指して、これからも「90年生まれで良かった」「同い年が力を合わせればできないことなんて何一つない」ということをみんなで証明していきます。

望月：私たちの世代は普段ＳＮＳでつながって思いや情報を共有していますが、三十路祭りやきゅーまる／90年会のお話を伺い、同い年が実際に集まって活動したら、すごいパワーを発揮するんだってことがよくわかりました。

人や社会のために！でつながる「社会起業家コミュニティ」

あなたも誰かのサンタクロース

NPO法人チャリティーサンタ 代表理事
清輔夏輝さん

望月：清輔さんが代表を務めるチャリティーサンタさんは、私が知るコミュニティの中でも特に社会的なミッションが強いように思います。はじめにチャリティーサンタさんの理念やビジョンと主な活動について教えてください。

清輔：「サンタを待っている子ども」と「サンタになる大人・企業」をつなげる活動を全国各地で行うNPO法人です。チャリティーサンタの基本システムは、次の3つの活動で構成されています。

・サンタになる……………サンタ役はボランティアで家庭訪問活動を行う
・サンタを呼ぶ……………子育て家庭や施設などが寄付金を払ってサンタの訪問を依頼する
・サンタを応援する……寄付を通じて、困難な環境の子どもに無料でプレゼントを届ける

クリスマスという社会的な認知度が高くて、格差があらわれやすい行事にフォーカスし、個人や企業が手を取り合い、社会全体で子どもを支え合うことを目指して活動しています。そ

の合言葉が「あなたも誰かのサンタクロース」です。

望月：この活動を始めたきっかけは？

清輔：２００８年から「世界中の子どもたちを笑顔に」というコンセプトで、この活動を始めました。６歳の頃にサンタさんが自分に会いに来てくれた思い出を忘れられずに「今度は僕が届ける番だ」と思った男性。世界一周旅行中に出会った途上国の子どものために「彼らのために何かをしたい」と心に決めた女性。そんな2人がお互いの想いを共有し、何度も協議した結果、「サンタを待っている子どもに特別な思い出を届けることで、もう一人の子どもにもプレゼントが届く」という独自のアイデアが生まれたのです。

望月：この活動に共鳴した人たちの輪が全国にどんどん広がっていますね。

清輔：２０１８年末の段階では、25都道府県で活動しています。サンタになった大人たちやＷＥＢを通じて団体を知った地方の方などにより、「自分の住んでいる地域でも行いたい」「引っ越した先でもやりたい」という声が相次ぎ、毎年2県～4県ずつ支部が増えていきました。また、活動を開始して10年が経ち、当初夢に描いていた、かつてプレゼントを貰った子どもが成長し、今度は自分がサンタになって届ける側になるという好循環も生まれました。今後は、企業や他団体などとの連携を強化し、クリスマスをきっかけに社会全体で子どもを支え合う機運をもっともっと高めていきたいと思っています。

望月：チャリティーサンタの活動の輪が広がると、人にやさしい社会になっていきますね。

清輔：「サンタクロースのような想いやりを行動にできる人」を世の中に増やし、想いやりがつながる社会を目指しています。ミッションは、世界中の子どもたちが笑顔になれる社会をつくること。ビジョンは、「誰かのために何かしたい！」を行動に移せる人を増やすこと。「サンタクロースのような人を増やす」とも表現しています。

望月：なぜ「人や社会のために」という思いをこんなに強く持って活動を続けているのですか？

清輔：若いとき、ヒッチハイクでやさしい人に出会って、やさしさを一生分もらいました。誰かにもらった恩は、その人には返し切れないから、他の人に返せばいい。もっと広く捉えれば、社会に返せばいい。〝恩返し〟というよりも〝恩送り〟というのが、私の価値観の原点にあります。

望月：恩送りですか。素敵な思いの連鎖ですね！

清輔：それから「親切貯金」も私がとても大切にしている価値観です。私は、人に親切にした経験よりも、人からもらった親切のほうがずっと多い。だから、親切貯金の残高がたくさん貯まっているんです。親切貯金は、親切にした人にも、された人にも、どっちの人にも貯まる性格のものです。だから、たくさん使いたいけれど、どんどん貯まるんです。

望月：だから清輔さんは自然に助け合いをしてしまうんですね。

清輔：見返りを考えないで行動すると、３～４年後に必ず良いことが返ってくるんです。不思議ですね。だから、ただひたすら「人のために！」ということが、一番自分のためにもなる行動だと思っています。なんで助け合いをやるのかって問われたら、理屈抜きに、「人の笑顔を見ると自分が幸せな気分になれるから」としか答えようがないですね。

祭りの力で人と町を元気に

一般社団法人マツリズム 代表理事
大原 学さん

望月：お祭りって言葉を聞いただけで、何だかワクワクしてきてエキサイティングな気分になりますが、大原さんが代表を務めるマツリズムの活動について教えていただけますか？

大原：マツリズムは「祭りの力で、人と町を元気に」をモットーに、日本の祭りを多くの人に体験してもらうと同時に、地域の祭りを運営する方々のサポートをしています。活動内容は大きく2つ、ツアー活動（Ma-tourism）と地域向けの活動です。ツアー活動は祭りに参加したい人を募り、日帰りから3日程度のツアーを行うもの。地域コミュニティにどっぷり浸かって、祭りの準備から打ち上げまで参加してもらいます。祭りは見るよりも参加するほうがずっと楽しいのです。

参加して地域の人と深くつながると、「ただいま」「おかえり」と言い合えるほどの関係になれることもあります。家族以外で「おかえり」って迎えてくれる人はなかなかいないですもんね。すごく嬉しいですよ。そこに祭りの価値があると感じていて、多くの人に味わっていただきたいなと思っています。

望月：お祭りに参加する以外に地域向けの活動はどんなことをするのですか？

大原：代表的なものはワークショップです。全国どこの祭りに行っても、「祭りの担い手が足りない」「若手が少ない」「人材育成の仕組みがない」「寄付が減っている」などの課題を抱えています。それらの課題解決や、それぞれの祭りが持つ魅力をどう伝えたらいいかについて、一緒に考えていく場をつくっています。さらに、毎年行っている「祭りサミット」では、全国各地から祭りの担い手が集まって熱い意見交換をしています。他の祭りの担い手から刺激を受けたり、地域間の交流にもつながっています。

それと、動画を通した祭りの魅力発信ですね。地元に住む人が「自分たちの祭りはかっこいいんだ！」ということを再発見できる動画を地域の人たちと一緒につくっています。違う地域の人たちはもちろん、そこに住んでいる人も、祭りを意外と知らなかったりするんです。そこで、その地域との関係性が深くないと撮れないような〝距離感の近い動画〟を撮影し、祭りの魅力に気づいてもらう仕事もしています。

望月：そもそも大原さんはなぜ祭りに興味を持たれたのですか？

大原：私が大学1年生のとき、人生で一番のどん底だったんです。大学進学を機に東京に住むようになったのですが、全然都会に馴染めなくて、いろいろなものが募りに募って、最終的には人に会いたくないと思うようになっていたんです。そんなときに、友達から祭りに行こうよって声をかけられたんです。祭りだったら少しくらい行ってみてもいいかなってなぜか思えて、友人に連れられて出かけてみました。最初は斜に構えて祭りを見ていたんですが、友人に手を引かれて祭りの輪の中に入っていき、輪の中で踊り始めたら、今までのことがどうでもよくなって、

今の自分を肯定はできないけど、これでもいいんだなと思えるようになったんです。それからの大学生活は花開いた感じがしましたね。

望月：たくさんの人が集まり、楽しんでいる祭りには何か力があるんでしょうね。

大原：みんなで肩を組み、重い神輿を「せいの!」で持ち上げる。すると全員が一体感に包まれ、長い行程を終えると達成感とともに仲間になっているんですね。それを繰り返していくと世代や職業を超えたコミュニティができていく。同じ地域に住んでいて利害の対立がある人同士でも、祭りという365分の1日だけは一丸となれます。そういう経験をすることで、残りの364日が豊かな日々になると思うんです。そうやって地域の絆を強くするのが祭りの意義だと思っています。

望月：それで、マツリズムを立ち上げたんですね。

大原：大学卒業後は祭りのことは忘れて、就職したんですよ。祭りに携わりたいとは思っていたのですが、食べていける気がしなかったので（笑）。でも紆余曲折を経て、2016年11月にマツリズムを設立しました。最初の数ヶ月は、約30の祭りに参加するため、日本全国を飛び回りました。もちろん収入はゼロ。奇行でしたね（笑）。

望月：奇行っておっしゃいますが、きっとたくさん収穫があったと思われますが……？

大原：祭りを通していろいろな方とつながりをつくることができました。祭りのときだけは市長も社長もフリーターも、みんな肩書きが外れますからね。関係性がフラットだから、どんな人とも対等になれるんです。祭りのときに話をしていなくても、後日「祭りにいたよね」という会話から一気に距離が縮まるんです。

望月：先ほどワークショップを行っているというお話がありましたが、祭りを続けていくには、たくさんの課題がありそうですね。

大原：親たちが残してくれた祭りをこのまま子どもたちの代に引き継いでいきたい。けれども人口が減っていく中で、なかなか手立てがない。普通に考えると取りうる選択肢は2つです。人集めに重きを置いて、参加の敷居を下げてイベント化していく方向。もう一つは、なくなってもいいから伝統的なやり方で自分たちだけでやっていくという方向。前者であれば、気をつけないと祭りの核となる精神性が薄くなってしまうし、後者であれば、いつかは担い手が減って消滅してしまう恐れもある。私はそのどちらでもない方法があると思っているので、第三の道を地元の方々とともにつくっていきたいです。

望月：マツリズムの一番の課題は何ですか？

大原：メンバーとして一緒に活動してくれる人を探しています。現在、仲間として動いてくれている人は、ほとんどがマツリズムのツアーに参加してくれた方々です。祭りにどっぷりと浸かる経験を通じて、価値観が変わったという方も多くいます。おかげさまで、プロジェクトも増え、少しずつ事業も拡大しているので、「多様な人が混ざり合い支え合う、感謝と受容の社会づくり」というビジョンに共鳴し、人や地域がより良い方向に変わっていくことに興味がある人に出会いたいです。

介護が必要でも幸せにくらせる社会を

株式会社Join for Kaigo 代表取締役
秋本可愛さん

望月：次世代の介護リーダーを育てるコミュニティJoin for Kaigoのリーダーの秋本さんに来ていただきました。秋本さんとは1990年生まれの同学年で、ミーリンクがスタートしたのも同じ時期ということもあり、会うといつも「私も頑張らなくちゃ」って気持ちになります。今日は改めて、秋本さんの思いや活動についてお話してください。

秋本：Join for Kaigoでは、介護に志を持つ若者のコミュニティKAIGO LEADERS（カイゴリーダーズ）の運営や、介護事業者に対する採用支援や若手職員研修などを行っています。

望月：大学卒業後、すぐに起業しようと思ったきっかけは？

秋本：大学2年生のとき、起業サークルの説明会に参加し、そこで将来について生き生きと話す人たちを目の当たりにして、この人たちと一緒にいたら、私も成長できるかもしれないと思い、起業サークルに入りました。

サークルではチームで事業をやりながら学ぶというスタンスで、同じチームになった先輩のおばあちゃんが認知症で、自分のことを忘れられてしまったという原体験から、「認知症」をテーマに何かできないかと考えたことが私の介護との関わりの始まりです。しかし、認知症についてあまり知らなかったので、３年生から介護現場でのアルバイトを始めました。すると、問題と捉えるものが変わりました。

最初は認知症そのものを問題視していましたが、私が働いた現場ではそもそも全員が認知症で、認知症が問題なのではなく、〝過ごす環境〟が問題であることに気づき始めました。例えば、介護士として働いている人が心や体を壊して辞めてしまうこと、家族の人が仕事と介護の両立に悩んでしまうことなど、支える側がしんどい思いをしている現場や、本人も自分が生きていることが申し訳ないと思っている現場を目の当たりにし、今のままでは嫌だなと思うようになりました。

どうすれば、これらの問題が解決できるのだろうと漠然と考える中で、私が問題意識を持ったのは、私の周囲にいる意欲的で尊敬できる学生たちがまったく介護に興味がないことでした。こんなに優秀な人たちが、どうして日本のこんな大きな問題に目を向けないのかと考え込んでしまいました。介護に興味のある人が周りにいなかったことが、私が使命感を抱く引き金となったのです。

望月：「2025年、介護のリーダーは日本のリーダーになる」というビジョンを掲げていますが、2025年を掲げているのはなぜでしょう？

秋本：2025年には、日本で一番人口の多い団塊の世代の方たちが後期高齢者、すなわち75歳以上になります。現状のままだと人材が約37万人足りません。さらに多死社会を迎える中、看取り難民と呼ばれ、最期を迎える場所がない人たちも増えています。亡くなる人口がピークを迎える2040年には、約49万人の方の亡くなる場所がないという統計が出ています。課題がより深刻化する中で、業界全体が疲弊感、閉塞感に包まれて、課題解決力が低下しているのがとても大きな課題だと考えています。

望月：だからこそ若い人たちのエネルギーや新しい感覚や発想は、すごく大事になりますね。KAIGO LEADERSでは具体的にどんな活動を行っているのでしょうか？

秋本：東京では20代～30代を中心とする介護・福祉に関心を持つ人が集い、業界内外のトップランナーから学ぶ場「ＰＲＥＳＥＮＴ」や、一人一人の課題意識からプロジェクトを生んでいく「ＫＡＩＧＯ　ＭＹ　ＰＲＯＪＥＣＴ」というプログラムを開催しています。職場を超えてともに学ぶ場は、若手の成長意欲を高め、課題意識を持って組織変革に臨んだり、地域や業界の課題解決に挑むプレイヤーも増えています

望月：参加者３０００人超えの日本最大級のコミュニティへと成長していると伺いましたが、参加者はどのように集めているのでしょうか？

秋本：イベントなどの集客はＳＮＳが中心です。主にフェイスブックとツイッターから知ってご参加いただく方が多いです。過去の参加者の口コミや、一緒に同僚や知り合いを連れてきてくださるケースが増えているのはとてもありがたいですね。

ＫＡＩＧＯ　ＬＥＡＤＥＲＳの一つの特徴は事務局の有給メンバー2名以外は全員、知識やスキルを無償で提供してくれるプロボノです。今は東京と大阪を合わせて50名を超えるメンバーとともに活動しています。メンバーは普段、介護現場で働いている専門職もいれば、学生だったり、仕事はまったく異なる領域のメンバーもいます。一人一人さまざまな課題意識や想いを持っており、それぞれの強みを生かしながら活動しています。

望月：今後のビジョンを教えてください。

秋本：介護が必要になっても、人が幸せにくらせる社会をつくりたい。カリスマリーダーを育てていくというよりは、一人一人がリーダーシップを発揮できる環境を広げていきたいです。いろいろな立場の人たちが、少しでも介護を自分事として捉え、リーダーシップを発揮できるかどうかが、この先重要になると考えています。そんな社会づくりができれば、もっと幸せが増えるし、深刻化しなくて済む問題があるのではないかと思います。

望月：そのための直近の計画があれば教えてください。

秋本：ＫＡＩＧＯ　ＬＥＡＤＥＲＳでは、２０２０年までに全国８都市で支部を展開することを目標としています。また同時にオンラインコミュニティも展開していきます。

望月：３つのコミュニティのお話をお伺いしましたが、皆さんがやっているコミュニティ活動の輪が広がると日本の社会が変わるって感じを受けました。私もミーリンクを通じて、人や社会のためになるコミュニティ活動に一層のエネルギーを注いでいきますので、一緒に頑張りましょう。

コミュニティ参加者から届いた生の声

ライフスタイル探検隊は、ボイス&ボイスで、コミュニティ活動に参加する数多くのメンバーから「コミュニティ活動になぜ参加するのか？」「喜びや達成感はどこにあるのか？」「課題は何か？」について声を収集し、フォーカスミーティングで分析しました。主な声をここで紹介していきます。どんな気持ちで活動に参加しているかが見えてきます。

●コミュニティ活動に参加したきっかけは？

ボイス１：自分が問題意識を持っていたテーマに取り組むコミュニティがあることをＳＮＳで知って、自分からアプローチした。

ボイス２：友人に誘われて、コミュニティが開催するフェスに行ってみた。とても楽しくてエキサイティングな時間を過ごせたので、今度は自分が実行する側に回ってみたいと思った。

ボイス３：関心がある分野のコミュニティの人たちとたまたまお話する機会があった。リーダーの情熱と人柄に惹かれた。メンバーも共感を持てる人ばかりで、とても良い雰囲気だったから、その場で「私もやります」と言ってしまった。

ボイス4：以前からずっと、いろいろな考え方や価値観があることを知りたい、価値観を共有できる仲間が増えると嬉しいと思っていた。だから、コミュニティに参加して、会社や学校を行き来する毎日では出会えない人や出来事とたくさん出会いたいと思った。

●なぜコミュニティ活動をしているのか？

ボイス1：好きなことや実現したいことを共感できる仲間と一緒にやり遂げる楽しさがある。

ボイス2：この仲間とだったら、難しいことでも、たぶんできるんじゃないかな、という可能性を感じる。このワクワクと高揚してくる感じが好き。

ボイス3：「違う主張、同じ波長」っていう感じが好き。めちゃくちゃ意見をぶつけ合うけど、根本的な価値観や大切にしていることはみんな一緒。一つのテーマをいろいろな角度から掘り下げて、何かをつくり上げることが楽しい。いろいろな性格の人が集まる多様性が大好き。

ボイス4：世代、ミッション、取り組みテーマ、趣味など、何か共通点があって集まった仲間がいるから、それだけで安心できるし、お互いにエネルギーが加速する。

ボイス5：以前は、プライベートで充実しているなって感じる時間が少なかった。コミュニティ活動をしていると、「あぁ〜、わたし今〇〇している！」「ここにいる自分が何だかとても良い感じ！」というプライベートの充実感が高い頻度で訪れる。

ボイス6：自己実現の場。それって、自分一人の満足っていうよりも、誰かのためになることをやれたときに感じられる。そういうことに関係ある行動をしているなって感じる。

ボイス7：昔の言葉で言うと、「同じ釜の飯を食う」っていうのかな。支え合いの中で充実して生きている感覚を持てる。リーダーにも仲間にもすごく感謝している。

ボイス8：コミュニティ活動をやっているという特別な感覚はなく、「当たり前」のことに自然に取り組んでいる。当たり前の感覚、ただそれだけ。

ボイス9：お金を稼ぐことが目的じゃないから儲けはないけど、仲間や社会が困っていることで、何かできることがあれば、役割を発揮したいと思いながら取り組んでいる。

ボイス10：会社や学校など、所属する組織の外の世界を持つと、気分転換、刺激、充実感につながっていく。本業とは別の世界で、普段の仕事とは違うことに取り組む「サードプレイス感」が持てるから好き。

ボイス11：誰かの役に立ちたい、影響を与えたい、一歩先を走り続けたい、人生を豊かにしたい、喜びを分かち合いたい……。実現までのプロセスは大変だけど、すごく楽しい。

●コミュニティ活動でぶつかる壁や課題はどんなこと？

ボイス１：人材、資金、場所、時間、すべての面で、もっとあったらいいなあって思う。どんなコミュニティもやりたいことがたくさんあるだけに、リソース不足で困っているし、壁にぶつかっていると思う。

ボイス２：ＳＮＳでコミュニケーションするところまではいいけれど、実際に集まって何かをするとなると場所が必要。公共施設を中心に、いろいろ調べて予約しているけれど、ときどき調整できなくて困ってしまう。あまりお金をかけられないし。絶対に世の中に役立つことをするので、場所やお金がある企業や機関が力を貸してくれないかなって思うことがよくある。

ボイス３：地方で町興しイベントをしたときのことだけど、若者が新しいことに挑戦しようとしても、上の世代の人たちが、文化を壊されることが怖いと言って、すごく反対した。私たちの力では突き破れない世代や立場による高い壁に無力感を感じるときもある。

2 コミュニティは自己実現と学びの場

社会を変える可能性を秘めたコミュニティのパワー

瀬戸内寂聴さんの法話はいつも大変な人気となっています。私たちがいきいきと生きるための秘訣を説いているので、元気をもらえますね。法話集の中からいくつか紹介します。

「出会いというもの、縁というものはね、生きているときに大切にしなきゃだめですよ」

「人間は、幸せになるためにこの世に送り出されているのだと思います。そして幸せとは自分だけが満ち足りることではなく、自分以外の誰かを幸せにすることだと考えてください」

「やっぱり自分が楽しくないと生きていてもつまらないですよ。だから何でもいいから自分のために喜びを見つけなさい。そうすれば生きることが楽しくなりますよ」

「言いたいことを言いなさい。胸がすっとしますよ」

どれも共感できる素敵なメッセージばかりですね。コミュニティに参加して活躍している人たちは、その活動の中で、寂聴さんが言っている私たちがいきいきと生きるための秘訣をごく自然に行動に移しているように感じられます。これらの若者コミュニティのパワーが結集したら、日本は変わるとさえ思えてきます。継続は力なり。この挑戦的な個性派集団が継続的に拡大発展していくことを期待し、心底から応援します。

企業とコミュニティが手を携えると成長が加速する

●「好縁社会」のフロントランナー

堺屋太一氏がバブル経済崩壊後の1996年に出した『世は自尊好縁～満足化社会の方程式を解く』という著書をご存知でしょうか？

将来の人間関係は、家族や親族など血縁関係、同じ地域に住んでいる地縁関係、所属する会社の職縁関係だけでなく、それらを超えて気が合った仲間や同じ志や好みを持った人たちが集まって、やりたいことをやっていく好縁関係が世の中を動かすようになるだろうと述べています。

日本社会が成熟期を迎え、経済成長は低迷し、大幅なリストラが進み、終身雇用や年功序列の日本式経営も根底から揺らいでいる「うつむき加減の時代」を迎え、職場の人間関係にどっぷり浸かり、それを人生観の軸に据える「職縁社会」から脱却し、もっと自分自身の気持ちを尊び、同じ志や好みの縁でつながる人脈を大切にする「好縁社会」への転換を説き、将来への希望や指針を示しました。

でも、地縁という「距離の近さ」を超えて、どうやって遠く離れたところにいる仲間同士が交流するのか。職縁という「強い関係性」を超えて、どうやって自由な関係を継続できるのか。その手法は大いに問題になってきます。

ＳＮＳをはじめとする技術革新の力が、それらについて、多くのことを解決してくれるようになりました。好縁でつながることは昔から誰もが望むことだったけれど、通信技術などの発達で、ようやく実現しやすくなったと言えるでしょう。

２０２０年の実用化・商用化に向けて開発が進められている新技術に、ネットワーク分野の５Ｇ（第5世代移動通信システム）があります。

１Ｇはアナログ携帯電話で、80年代から90年代にかけて出てきました。

２Ｇは90年代になってから出てきたデジタル携帯電話システムです。メールをはじめ各種情報提供やインターネットメールを携帯電話でできるようになり、携帯データ通信の利用が一気に広がりました。

３Ｇは地域限定だった携帯電話を世界標準化し、２０００年からは一つの端末を世界中に持ち歩ける時代が始まりました。

4Gは2010年代から始まったスマートフォン対応のためのモバイルネットワークです。そして5Gは、2020年代の社会を支える幅広いモバイルネットワークのことです。4Gがスマートフォンのための技術だったとすると、5Gは多くの場面で多様なニーズに応えられるすべての端末とすべてのアプリケーションのための技術と言えます。まさに、10年単位で飛躍的な世代交代をしています。

T層・C層と言われる今の子どもたちは、生まれたときからデジタルツールで育つデジタルネイティブ（先住民）ですが、現在のF1層の大半は、アナログの時代に生まれ、ティーンくらいからデジタルに切り替わったデジタルイミグラント（移住者）です。

SNSでの交流をはじめとして、ショッピングやツアーや就活など、あらゆる分野で、どの世代よりもデジタルツールを駆使するデジタルイミグラントの先頭を走っている世代なのです。

若者のコミュニティは、デジタルツールをいち早く駆使してネットワークづくりをしてきた好縁社会のフロントランナーとも言えるでしょう。

コミュニティ活動は、まさに、地域や組織とは別の好縁がベースになっているので、自由度が高く、多様性に富み、自分の興味・関心で、本業とは別の情熱を注ぐことができます。

誰かがコミュニティはサードプレイス感が持てるから好きだと言っていましたが、まさにその通りだと思います。人間にはサードプレイスが必要なのです。スターバックスは、会社でも家でもないサードプレイスを提供することを事業のコンセプトにして成長しました。

政府や自治体、企業では、最近になって、17のゴール目標に向かって活動を促進する「SDGs」を叫んでいますが、若者コミュニティは、もっとずっと前から自分たちの意志で、それらの各テーマを掲げながら自律的に活動しています。

「SDGs」にもつながるエシカル志向の消費や社会貢献活動をテーマに掲げていることや、通信技術を活用して広くつながっていき、みんなで好縁社会を体現する行動をしていることなど、若者コミュニティは今後社会がますます志向することをいち早く体現している存在なのです。

感性もツールも行動も、未来を切り拓く先頭ランナーは、いつの時代も若者なのです。

●コミュニティは経営を学べる場

コミュニティが取り組むテーマを大きく捉えると、「人にやさしい社会をつくりたい」という共通点があると思われます。ミッションを持つリーダーには迫力があり、日本の社会を変えていくことにつながっていくと感じさせる力強さがあります。私の夢（自分）、あなたの夢（仲間）、みんなの夢（社会）を実現するためのコミュニティ活動を、ぜひこれからも継続してほしいと願うばかりです。

さて、コミュニティ活動を経営者の視点でみると、「コミュニティ活動は経営者の願い事がたくさん詰まっている宝石箱」だと思うのです。だから、何らかのかたちで社員が参加すると能力開発につながると思われます。コミュニティ活動が、将来の経営リーダーを育成する場として、なぜ役立つかと言うと、次の8つが挙げられます。

①「こうしたい!」という自らの意志や使命感を持った人が集まる集団である。
②組織や立場を超えた人との交流で、視野が広がり、発想が豊かになる。
③異業種の人たちとの継続的なネットワークづくりにつながる。
④顧客参加型、価値共創型のワークをする集団である。
⑤自由な発想で創意工夫しながら想いをカタチにして実践する場である。
⑥固定的役割分担ではなく、お互いに全領域にわたり柔軟にフォローし合う集団である。
⑦社会的ミッションの実現が自分の喜びとなる集団である。
⑧メンバーをはじめとして、支えてくれるすべての人たちへの感謝の心、協働の力で困難を克服したときの喜びなど、人間関係で最も大切なことを自然に学べる場である。

参加者は、そんなことを計算してやっているわけではないでしょう。ただし、若い人たちが育つ場となっていることは事実です。組織に守られて内向き志向になっている人たちよりも、強い当事者意識と責任感、そして発想の広がりと創造性を感じます。

彼らは固定された枠がない自由度と、ヒエラルキーがないフラットな関係の中で、仲間、顧客、関係者とさまざまな人間関係を築かなくてはならないので、組織を継続発展させる難しさや最適なリーダーシップのあり方を実践の中で学んでいます。

参加メンバーには役割分担があると同時に、全体の思いや目的を達成するためのミッションがあります。**「経営の目線＋担当者のスキル」**を両方とも大事にしながら進めなくてはならないという、企業経営に置き換えてみても、最も大切なことを学んでいるのです。

以上のような視点から、経営リーダーになるための学びが凝縮されていると思われるのです。これらは、基本的な人間関係がフラットだからこそできることであり、職種や階層や部門が運営のコアとなる会社の中ではなかなかできないことです。もっともっと、コミュニティと企業が距離を縮めて、相互に活用や支援をしてほしいと思います。

ＳＮＳの申し子として急激に台頭してきた若者のコミュニティ活動。まだ日が浅いので、どんな創業オーナーのような優れたリーダーのもとで、みんな心地良く活動していますが、どんな組織にも世代交代の波は来ます。周囲の環境も変わるので、ミッションを貫くためにもリニューアルが必要になります。リーダーが変わっても、リニューアルしても、初心を貫ける柔軟性やブランド力を獲得してほしいと願うばかりです。

企業経営の目的は、ＳＳＰ（サステナブル・スペリオス・プロフィッタビリティ）といって、長期にわたって顧客の支持を受けられるよう、挑戦と革新を続けながら、継続的な高収益を獲得することです。あらゆる組織や活動にとって「サステナブル！」、これが一番大切なことであり、同時に、難しい挑戦課題なのです。

ＳＳＰに挑戦する企業と、新しい時代のエンジンとなる若者コミュニティが手を携えて、社会のために頑張ってもらいたいと思います。

もう1つの探検隊
座談会

僕らは スマートエイジング 探検隊

全員群馬県生まれの67歳!

マンドリンを奏で続ける
女子大教授X君

次世代にどうバトンを渡すか
経営者S君

若者コミュニティと思いは一緒
戦うオヤジの応援団K君

人生100年時代、今まだ3分の2だよ

本日のMC役
上野

こうなったらライフスタイル探検隊に負けてられないね

感謝の心と独自戦略で事業成長
経営者E君

夢は全世代コラボのロックフェス
ロック歌手M君

いつも「今でしょ」の気持ち
元官僚Z君

キャリアは自分で創るもの
元校長Y君

グローバルもデジタルも強い
国際機関職員T君

今も現役サッカー青年
経営者A君

ここまで、この本の主題であるライフスタイル探検隊や若者コミュニティの行動特性を追求してきました。F1層やM1層の特性をより明確化するためにも、異質な集団の思いや行動特性を探ることが大切と考え、ライフスタイル探検隊の中心メンバーと40歳差がある男性ばかりの同級生10人が集まって座談会を実施しました。

みんなで語り合っているうちに、「僕らは、人生100年時代にどう賢く生きるかを追求するスマートエイジング探検隊だね」という方向性になりました。そして、異質な存在の人たちが、お互いに尊敬し合いながら交流することが、お互いを刺激し、高め合うので、賢く生きるためには「世代を超えた交流が最も重要だ」ということが見えてきました。話は果たしてどんな展開になるのでしょうか。

それぞれの想いを語り合おう

MC上野：僕らくらいの世代になると、アンチエイジングっていうか、経年劣化をいかに食い止めるかって話題が多くなるよね。でも、そんな話ばかりじゃ、かえって老け込んじゃうから、今日はもっと前向きな話がしたい。自慢話をしてもいいよ。僕らにあって、若者にはないものとか、僕らが若者よりも優れていると思うことを遠慮なく、どんどん挙げてほしい。

経営者A君：僕の自慢は、自分は数えきれないくらい失敗や挫折の経験があること。そこからいく度となく這い上がった経験もある。何かを失ったときには、必ず違う何かを得ることができる。だから、失敗してもいいから挑戦したほうがいいってことが実感としてわかるんだ。ただし、若者に致命的な失敗はしてほしくない。だからこそ、僕の失敗克服体験を伝えてあげたい。若者が挑戦するときに案外役に立つんじゃないかな。

国際機関職員T君：でも、説教臭いのはダメだよ。昔、説教臭い上司がいてさ。「お前、今いくつだ」と質問されるから、「30歳です」と答えると、「俺が30歳のときはもっと大きな仕事をしていた」という自慢話を何度もされた経験がある。その上司を尊敬する気にならないし、上司のようにやってみようとも思わない。時代とか状況の違いを理解しないまま、一方的に自分の価値観を若者に押しつけているわけだからね。

女子大教授X君：確かに「最近の若い奴は○○ができていない」ってよく言うけど、前提の違いを理解しないで言っている場合がたくさんある。僕も学生と話していて、「どうしてこういう考え方をするのだろう？」って思うことはときどきあるけど、時代背景の違いを理解しようと心がけている。A君の話も、大切な本質は昔から何も変わっていないと思うから、若い人と対話しながら体験談を語るとすごく勉強になるんじゃないかな。

ロック歌手M君：僕は今でもミュージシャンとしての活動を続けている。若いときには自分の力だけを信じていたが、自分の力だけではどうにもならないことがたくさんあった。多くの人に助けられて、今日の自分があると思っている。

人生は「おかげさま」だってことがよくわかる年代になった。だから、いつも感謝の気持ちを持って、誰かが喜んでくれたらいいなあと思いながら歌っている。今も元気で歌えるだけでも幸せだって思うよ。

経営者S君：うちの会社では、まだ僕が社長で組織を引っ張っている。いつも荒波にさらされているけれど、僕が絶対守り切るという気概を持って経営している。とはいえ、いつまでも僕じゃない。次の時代のリーダーを育てなくてはならない。デジタル化、グローバル化など、どんどん経営環境が変わるから、次の担い手となる人たちに、挑戦の場、学びの場、新たな出会いの機会を提供するよう心掛けている。それが僕の経営者としてのもう一つの使命だと思っている。

元校長Y君：僕は現在、文化機関の理事長という役割をさせていただいている。これまで長いこと高等学校の校長という立場で、学校現場のデリケートな問題に緊張感いっぱいで携わってきたけれど、今は現役のときほどいきがらなくてもよくなった。

そんなわけで、教育という仕事人生を顧みながら、若い人に向けて、思っていることを一つだけ話したい。それは、キャリアって何だろうということ。僕は、キャリアって、会社とか仕事での成功や昇進を超えて、「人生の出世階段」とか「生涯を通じて築く本当の成功」のことだと思っている。

だから、収入・権限・名声・体裁ではなく、本当の充実感・達成感・幸福感が大切だと思っている。それを若いときに気づくと、目標も違ってくるし、チャレンジの仕方とか人生の歩み方も違ってくると思う。

戦うオヤジの応援団K君：「ゆく河の流れは絶えずして、しかも元の水にはあらず。よどみに浮かぶうたかたは、かつ消えかつ結びて、久しくとどまりたるためしなし。世の中にある人とすみかと、またかくのごとし」とか「祇園精舎の鐘の声、諸行無常の響きあり。沙羅双樹の花の色、盛者必衰の理をあらはす。奢れる人も久しからず。ただ春の夜の夢のごとし」なんて高校時代に習ったよね。

今考えると無常観なんて高校生にはよくわからなかった。古文は大学受験のために暗記しただけ。それが今では、無常観とか盛者必衰の理とかが実感としてよくわかるから、方丈記も平家物語もしみじみ胸に沁みてくる。これって、ただのオジサンの自慢話かな。

MC上野：K君、ほろ酔い加減で、淀みなく、よく言えたね。いやあ、みんなのメッセージ、捨てたもんじゃないね。若い人たちがこれから長い人生を歩んでいく上で、かなり役立つんじゃないかな。みんないつもバカ話ばかりしているようでいて、本質は硬骨漢だってところは高校時代から変わってないね。

人生100年時代、まだ3分の2

経営者E君：ところで、人生100年時代が来るって言われているじゃない。だとすると、67歳ってようやく3分の2を通過したばかりだぜ。野球も7回からが面白い。競馬なんて、どんなに長距離のレースでも最後の100メートルが叩き合いの勝負だからね。僕らも本当に面白い人生はこれからじゃないの。クライマックスはいつ来るかな。残り3分の1もあるんだったら、賢く生きたいし、素敵なことにたくさん出会いたい。

経営者S君：僕は、相田みつをの「一生青春、一生勉強」って言葉が大好きなんだ。いつも何か燃えるものがあるといいよね。人はモノよりも心が豊かなほうが幸せになれると思う。心が痩せたり貧しくなったらおしまいだ。

元官僚Z君：僕らくらいの世代になると、体力も人によって全然違うし、たくさんの経験や長年の蓄積があるだけに、価値観とか好みも個人差が大きいよね。明るく前向きな人ばかりじゃなく、強烈な厭世観に襲われながら生きている人もいるでしょう。病に倒れ、リハビリに多くのエネルギーを費やしている人もいるだろう。

MC上野：年金をはじめとする社会保障問題や70歳雇用義務など、シニア世代の問題は最大の社会的テーマとなっている。ただ、今日の集まりは、社会保障系のテーマではなく、生きがい、楽しみ、やりたいこと、人の思い、感情の動きなど、ソフトなテーマを追求したい。経年劣化を防ぐために体力維持に努めながらも、元気があり余っている人もたくさんいるので、賢い生き方を追求したい。テーマはアンチエイジングじゃなくて、スマートエイジングだよ。

女子大教授X君：身体や生活の状況の違いを考慮することはもちろんだが、一人一人の個性や価値観を大切に考える必要があるね。高齢者の絶対数は増えているが、いわゆる老人クラブの加入者の比率は下がっているんだって。

画一的なプログラムやお仕着せ型のアトラクションの集まりだったら、私は遠慮しますよ、という人が増えている。一方、面白い企画をするツアーや教室には応募が殺到する。自ら主体的に企画して実行したいと思っている人もたくさんいる。ますます個性を大事にしたいと思っている高齢者が多くなる。

国際機関職員T君：僕も、長年やってきた趣味をこれからも楽しみたいし、これまで培ってきた経験や蓄積は活かしたい。同時に、今は70代からいかに良い人生を歩むかを考える準備のときだとも思う。また、デジタル機器の扱い方なんかは、若い人に教わらないとよくわからないから、若い世代ともっと交流できたらいいなと思う。

MC上野：ところで、みんな今何かやっている？　あるいはこれからやりたいことがある？

経営者A君：どんなに忙しいときもサッカーだけは続けているよ。あいつとまたサッカーができると思うと、いつも困難に立ち向かおうという気になるんだ。身体が言うことを聞いてくれる限り、サッカーは続けるよ。

女子大教授X君：A君がサッカーなら、僕は高校時代のマンドリンクラブを今もOBとして続けている。演奏会直前の練習は、この年になるとハードだけど、僕にはそれがもう一つの人生みたいなもんだからね。

経営者S君：どうしてもデジタル化と国際化の波に乗り遅れちゃうんじゃないかって不安があるよね。仕事でというよりも、普段の生活で困っちゃうんじゃないかと思う。僕は英語を習いたい。僕らの時代は文法重視だったから、英文はそれなりの速さで読めるんだけど、しゃべれないんだよね。その点T君はいいよね、国際派だから。

国際機関職員T君：まあ語学は職業柄問題ないけれど、僕はこう見えて、実はデジタルマーケティングに興味を持っているんだ。ツールの扱い方は子どもからいろいろ教わっているんだけど、そうしているうちに面白くなってきて、いろんなビジネスのシミュレーションをゲーム感覚でやっているんだ。

元官僚Z君：みんなすごいね。僕も65歳で退任してから少し経過したので、何かしらやりたいとは思うけれど、なかなかきっかけがないし、どこから何をしたらよいか戸惑っている。

何かをしようと思っても、「もう年齢だし」とためらってしまうこともある。だけど、自分で何かしら行動に移さないと何も始まらないね。林修先生ではないけれど、いつだって「今でしょ」だからね。

ベテランと若者は車の両輪

経営者E君：こうやってみんなで話をしているうちに、気持ちが前向きになってくるってすごいことだね。人生はこれからだから、みんなで新しいことに挑戦しようって考えるだけで、ワクワクするよ。そう考えると、未来を創るために若い人たちと前向きな交流を行うライフスタイル探検隊セッションって楽しいだろうなって思うよ。

MC上野：ライフスタイル探検隊セッションは、お互いに「伝え合う姿勢」と「学び取る姿勢」が前面に出るから楽しくて有意義なものになる。企業の受講生たちは探検隊メンバーの発言を真剣に聴く。若いから、素人だからって、探検隊を見下すような人は一人もいない。探検隊メンバーも、企業の受講生たちの質問や発言に耳を傾け、何とかして会社を良くしよう、お客様に心から喜んでもらえる商品を開発しようとする姿に接し、感動する。だから、セッションした後、企業の受講生からも探検隊からも「とても良い勉強になりました」「楽しくて有意義な時間をいただきありがとうございました」と御礼を言われる。異質なものがぶつかり合うとお互いに刺激になるし、楽しいんだと思う。そういうときには、必ず何かが生まれるんだよね。

女子大教授X君：うちの学生たちと話をしていると、歴史というか、今に至る経緯を知ることが大好きなんだな。今ある現象のルーツを辿り、かつて類似したことがあった、何が一緒で何が違うか、今にどうつながってきたか、なぜつながってきたか、それらを紐解けたらこんな楽しいことはない。変遷とか流れを知ると、モノゴトは深まるからね。

それには確かにスマートエイジング探検隊とライフスタイル探検隊が話し合うことが最も手っ取り早い。オールド・ミーツ・ニュー！　それはお互いにハッピーなことだと思う。

MC上野：よく〝若者の○○離れ〟って言うでしょう。例えば、車離れ、テレビ離れ、新聞離れとか。大学にはそれを研究するゼミがあるけれど、「昔はどうだったのか」「どう変化してきたのか」「なぜ離れたのか」と問われたら、人生のベテランがいないと経緯がわからない。歴史や経緯をわからないと、変化の本質や実態が把握できない。すると現在の現象面だけで語らなくてはならなくなる。その結果、分析結果が薄っぺらなものになるってことだよ。

元校長Y君：若い世代を育てるには、僕らは後ろから支えていく役割を担ったほうがいい。でも、若い人に主役を譲った後、僕らは単なる脇役に過ぎないという考え方は違うと思う。若者の挑戦を邪魔しないっていうのは大切だけど、車の両輪のように、お互い大切な役割を担っている。すべてのポジションが役割の違いだけであって、ある意味ではみんな主役だ。隠居仕事だと流しちゃダメ。いつだって本気出して、使命を果たさなきゃダメなんだと思う。さっきのマーケティングの話もそうだけど、仕事だって、教育だって、何事もベテランと若者が車の両輪となって、ダブル主演することが大切なんだ。

経営者A君：人生のベテランたる者、ダブル主演の気概と同時に、太陽のような心を持って、どんなときも温かい眼差しで若者の成長を見守らなくてはならない。

元官僚Z君：A君、ちょっとカッコよすぎるんじゃない。

元校長Y君：サラリーマンには定年がある。だから、雇用義務がどんどん延長されているとはいえ、組織で仕事をしている人には、定年が近づいてくると「あと何年でおしまい」という定年感がつきまとう。でも、人生では定年感を持ったらダメ。生涯を通じて山を登ろうとするライフワークを見つけなくちゃ、張り合いもないし、楽しくないぜ。

夢はクロスジェネレーションのロックフェス

戦うオヤジの応援団K君：ところで、話はちょっと違う方向に行くけれど、SNSとかデジタルを得意とする若い人たちとは話が通じないんじゃないかと思って、敬遠しがちなんだけど、デジタルツールって本当は世代間の交流を促すもんなんだね。僕らは「藤圭子の娘さんは宇多田ヒカルだよね」と言う。F1層の若い人たちは「宇多田ヒカルのお母さんは藤圭子っていう歌手だったんだって」と言う。世代によって会話の主語が違ってくるよね。昔は主語が違うと、そこでその話がストップした。今は「それならば」ということで宇多田ヒカルと藤圭子の歌をユーチューブで一緒に聞いてみる。そうすると「あの親にしてあの子あり」「天才親子」と共感につながっていく。そうやって、触れる音楽のジャンルも広がっていく。

ロック歌手M君：歌手の話が出たから、ここで僕の夢を言わせてくれ。オジサンから若者までクロスジェネレーションでロックフェスをやれたら本当に夢のようだ。丸一日かけて、ロックの歴史をたどるようなロックフェスを開催したい。フィナーレでは全ミュージシャンが共演して老若男女の観客と大合唱。こうした夢はどうしたら叶うんだろうか。

MC上野：M君の夢は以前から聞いていたから、実は、ライフスタイル探検隊の若い人たちに話したんだ。「それは私たちもぜひやりたいです」と言っていた。共感をシェアできれば、あとはきっかけさえあれば、必ずできると信じている。夢をもって行動を起こせば、必ず誰かにつながって、大半の夢は実現できるんだ。そこが昔とは全然違う。

ロック歌手M君：本当にやれたらいいな。大げさな言い方だけど、生きているうちにぜひやりたい！　それが残り3分の1の人生の大目標。

戦うオヤジの応援団K君：僕らが今全国でやっている戦うオヤジの応援団は、その名の通り、全国のオジサンがSNSでつながって、フェスで大騒ぎするんだ。聞けば聞くほど、若い人のコミュニティと気持ちもやり方も一緒だ。M君の思いもつながるよ。

映画『ボヘミアン・ラプソディ』は、老若男女を感動させて大ヒットした。登美丘高校で注目された『ダンシングヒーロー』のバブリーダンスに元祖荻野目洋子が加わって、国民的な大ヒットになった。『クリスマスの約束』では、70歳を超える小田和正に、若い女性がものすごい歓声を挙げている。全世代から支持される桑田佳祐だからかもしれないけど、彼の『ひとり紅白歌合戦』を見た若い人は、みんな日本の歌謡曲の素晴らしさに気づいたと言っていた。だから、オジサンから若者まで全世代で熱く盛り上がるロックフェスって不可能じゃないんだよ。きっと実現できるよ。

MC上野：みんな、夢もあるし、元気だから当面は大丈夫だな。あとは無理して倒れないことを祈るだけだよ。良い生き方って、若者と交流しなくちゃ実現できない。若者に耳を傾けてほしいって思うことや語り継ぎたいことはたくさんあるだろう。一方、若者からはリアルな今と次の時代の息吹を教えてほしいだろう。

この先、まだ3分の1も残っている人生を楽しく過ごすためにも、ライフスタイル探検隊とスマートエイジング探検隊でクロスジェネレーションのセッションをやってみたいと思わないか？

経営者E君：ぜひやりたい！　こうなったらライフスタイル探検隊に負けてられないね。今日は勇気をもらった。早速、新しいことにも挑戦する。僕らスマートエイジング探検隊は、豊富な経験だけじゃなく、夢と愛と情熱と行動力にあふれたアクティブな集団だぞって、ライフスタイル探検隊に気概を示すから、コーディネートよろしく。ちょっと言い過ぎか。

MC上野：それじゃあ、早速コーディネートするから、その調子で大いに語り合ってほしい。いろいろ良い話をしてくれたから、御礼に良いものをプレゼントするよ。

20代のライフスタイル探検隊メンバーに「尊敬できる大人、素敵な大人ってどんな人？」「人生の大先輩から教えてほしいこと、聞いてみたいことは何？」って質問に答えてもらった。今日はそれをまとめたメッセージを持ってきたので、スマートエイジング探検隊を立ち上げようとしている!?　みんなに「贈る言葉」として差し上げます（159～160ページ）。きっとテンション上がるぞ。

今日は楽しかった。本当にありがとう。

ライフスタイル探検隊からスマートエイジング探検隊に「贈る言葉」

▼尊敬できる大人、素敵な大人ってどんな人？

・芯があってぶれない人、どんな人の前でも態度を変えずに自分の信念を貫く人です。
・いつでも人の背中を押してあげられる人。相手の目線になって物事を考えられる人。ある一面だけでその人を判断しない人を尊敬します。
・失敗を素直に受け入れ、さらけ出せる方は尊敬します。また、新しい文化や若者たちの主張など、自分とは異なる世界を理解しようとしてくださる方は素敵だなと思います。
・どんなときもエネルギッシュに活動する人に憧れます。
・自分のためじゃなく、国や地元のために情熱を持って活動している人を尊敬します。
・自分に正直な人、飾らず自然体な人、オープンな人。
・人としっかり向き合える人、相手の考えや意見を聴ける大人と出会うたびに素敵だなあと感じます。
・素敵だなと思う大人はいつまでも好奇心を持っている人です。好奇心を持っている人は多くのことや人に興味を持っているので、いつも刺激を受けているせいか、若々しい人ばかりです。
・どんなときにも仲間を大切にできる人、周囲への気遣いができる人、自分の損得を考えず相手のために何かできる人です。

・子どもに夢を与える人、粋な人、志が高い人、伝統を守りつつ今の進化に理解がある人は素敵だと思います。
・自分と相手の気持ちをどちらも同じくらい大切にできる人が素敵だなと思います。
・大局観や柔軟性があって、柔軟に変化できる大人を尊敬します。
・50代、60代と年を重ねてきた人にしか出せない年輪とかオーラがある人って素敵だなって思います。

▼企業経営者と人生の大先輩に聞いてみたい、教えてほしいことって何?

・成功体験以上に「あのとき、あれをしておけば」と後悔していることをぜひ伺いたい。
・私は生涯現役でいたいと思っていますが、死ぬまで続けたいと思う仕事を見つけるには、どんな思いをもって、どんな経験を積めばよいでしょうか?
・一番教えてほしいことは、逆境の乗り越え方です。失敗や挫折をしたときの気の持ち方、失敗をどう受けとめるのか、落ち込んで仕方ないときはどうしたらよいのか、ヒントをいただきたいと思います。
・一番自分が成長したと思うこと、人生の中で転機になったこと、とても後悔していること、人生の先輩には3つの出来事を伺いたいです。
・「こう決断したことで今がある」という人生を大きく変えた決断について聴きたいです。
・人生最大の成功談と失敗談を伺いたいです。
・「今、夢中になっていることは何ですか?」と聞いてみたいです。

第4章

「語り合うマーケティング」から戦略の実現へ

変化を察知し、未来をデザインするための最強のマーケティングとは

1 マーケット創造型企業が実践していること

未来を生き抜く企業のあり方

第1章から第3章では、ライフスタイル探検隊やコミュニティ活動を通じて、F1層やM1層を中心とする若者の行動特性について紹介してきました。そして、デジタルイミグラントの先頭ランナーであり、次世代の消費を牽引するF1層やM1層のマーケティングを行うために、企業は探検隊やコミュニティともっと直接交流するとよいことを課題提起させていただきました。

これからの企業は、顧客が必要として、他社には真似できない独自価値を提供する「マーケット創造型企業」にならなければ生き残れません。スピーディな変革を阻害する「3つのノー」は「前例主義」「依存体質」「管理統制の発想」です。マーケット創造型企業を目指すときに必要な3つの変革パワーは、未来に向かって「活路を見出す力」「大きく舵を切る力」「人と組織を巻き込み動かす力」です。「3つのノー」とは対照的なアクティブな要素です。

この章では企業の未来創造に不可欠なことを整理していきたいと思います。そして、戦略的な一歩を踏み出すときに「お客様と語り合うマーケティング」がいかに重要かということも改めて述べていきます。

GAFAに代表される新興企業の組織運営

はじめに、マーケット創造型企業のケーススタディとして、GAFA（グーグル、アップル、フェイスブック、アマゾンの４社）の企業風土を見てみましょう。この４社は、データをベースとした広告、ネット小売り、スマートフォン、クラウド、AIスピーカー、動画配信、自動運転車、AI半導体など21世紀のくらしのインフラとなる分野で、猛烈にしのぎを削りながら世界をリードしています。ということは、前章までで述べてきたF１層の楽しみや日常のくらしも、最先端テクノロジーで支えているということになります。

コーンフェリー・ヘイグループのシニア・クライエント・パートナーであり、グローバル・アカウント・リーダーの綱島邦夫さんは、私の20年来の協働パートナーです。彼は、GAFAに代表される米国の新興企業の組織運営のあり方は、伝統的企業のあり方と真逆であり、敢えて伝統企業のやり方を否定するアプローチを進めていると言います。飛躍的成長を遂げる新興企業の企業風土の特徴をあらわす代表的メッセージを紹介します。

①ＰＤＣＡでなくＤＣＰＡ

まずはやってみて、様子をみる。その上で本格的に計画して取り組む。

②ＳＷＯＴでなくＯＴＳＷ

機会と脅威を見出し、その上で競争企業を設定し、見る（場合によっては見ない）。

③「分析とロジック」でなく「感性」

分析とロジックはどんどんＡＩに代替される。差別化は「感性」から生まれる。

④顧客セントリックから顧客エキセントリックへ

顧客中心主義なんて言っているようじゃ甘い。顧客の周囲を徘徊するくらいの徹底した顧客主義の行動をしないとイノベーションは生み出せない。

⑤自分の「こだわり」を捨てるな

顧客の声をすべて受け入れれば、味気のないものになる。自分のこだわりを持て。

⑥世の中は非常識に流れる、イノベーションは結果

顧客と社会の課題に素直に向き合えば、結果としてイノベーションが生まれる。

⑦自分たちの技術だけでできると思うな

技術より大切なのは、課題を解決できる技術を持つ個人や企業とのネットワーク。

⑧人を責めるな、プロセスを責めよ

良いプロセスが先決。良いプロセスは良い結果を生む。悪いプロセスの中では、人の努力は無益に終わる。

⑨固定したヒエラルキーは無用

ポストは課題解決のためにある。ポストありきではない。常にプロジェクト型で臨む。

⑩80：20のルール

大方のことは80%の完成度で良い。１００%を目指せば5倍の労力がかかる。

⑪0→1　1→10　10→１００

イノベーションには、０→1、1→10、10→１００の異なるステージがある。ステージごとに必要な人材も異なる。リーダー像を間違えてはいけない。

⑫業績評価よりもポテンシャル

業績評価は一時のもの、過去を振り返るもの。大切なのは未来に向けて何ができるかのポテンシャル。

⑬決断力よりも修正力

１００%正しい決断はありえない。「それはおかしいな」と言うことができて、すぐに修正できる組織風土が大切。

⑭企業文化の劣化防止がミッション

企業文化は常に劣化する。社員のミッションは挑戦して劣化を必死にくい止めること。

伝統やブランドは挑戦して育てるもの

変化！変化！変化！、変革！変革！変革！、スピード！スピード！スピード！

ＧＡＦＡに共通する特徴は、変化の先頭に立って変革に挑戦する企業風土だということです。また、徹底した顧客密着こそがイノベーションを生むと考え、顧客セントリックは当たり前で、顧客エキセントリックと言われるくらい徹底した顧客マーケティングを実行しています。先の①〜⑭を読んで、経営者の皆さんはどう感じましたか？

モノはあっという間にコモディティ化します。コトも何度か体験しているうちに飽きられてしまいます。時代が進むほど顧客ニーズは個人化が進み、一人一人の好みに対応しなくてはならなくなります。技術はますます独創性と高機能が求められるようになります。ＡＩやＩＯＴなど、先端技術の進化に伴い、変化のスピードもどんどん早まります。

良いものを創ることはビジネスの必須テーマですが、これまで通りに良いものを創っているだけでは、社会に受け入れてもらえないことが多々出てきます。これまでにない次世代型の商品やサービスの開発が、絶えずテーマとなっています。提供するものが変われば組織や人材やシステムも変革しなくてはなりません。

事業とは、顧客創造業、価値創造業、そして何よりも変化対応業です。繁栄を続けている企業と短命で終わる企業はどこが違うのか。それは、「伝統やブランドは守るものではなく新しいことに挑戦して育てるもの」と考え、変化に対応し続けているか否かの違いです。

ある事業を立ち上げ、うまく軌道に乗り始めたとします。その企業は一つの成功体験を持ったことになります。時代の変化と技術の革新は否応なしに進みます。過去の成功体験にしがみつき、変革を怠ったら、企業はその瞬間から衰退の一途をたどります。「成功の復讐」ということを肝に銘じ、チェンジ・オア・ダイという気概を持って、トライ・アンド・エラーを続ける以外にサステナブルな経営は成り立たないのです。スピーディな変革と異次元の顧客密着を成長の軸とするＧＡＦＡのケーススタディはヒントになりましたか？

街の名店でも始まっている新しい時代の挑戦

さて、ライフスタイル探検隊セッションが行われるドリームインスティテュートのカフェ＆ラーニングスタジオは文京区の本郷三丁目にあります。私どものすぐ隣に、とても美味しいお蕎麦で有名な「田奈部」があります。味が断トツな上、お洒落なインテリアで落ち着いた雰囲気なので、お値段はちょっと高めですが、いつも大人のお客様で賑わっています。

ある日、お店の前で若い男性客が長蛇の列をなして順番待ちしているシーンをもちゆかさんと目の当たりにしました。キャリーバッグを引いている人も多く、かなり遠隔地からも来ているなと思いました。

店内に入ると、普段とは異なる若いエネルギッシュな賑わいがあふれていました。なぜか全員が「鴨せいろの大盛り」を注文しています。値段は1750円で、若者にはかなり高めです。食べる前にまずは写真撮影、そして食べた後は「すごく美味しかったから、ぜひまた来たい」と早速インスタに投稿しています。

しばらくの間、このような状態が続きました。なぜかと思い、聞いてみると、日本初のアニメちっくアイドル桃知みなみさんが自身の食レポで、「今日は本郷三丁目の田奈部というお蕎麦屋さんに来ています。鴨せいろがとっても美味しいです」と投稿したのです。その日から田奈部には若い男性客が全国から押し寄せ、何カ月も満席状態が続いています。

仕掛け人は、若旦那である田名部康介さん。「若いお客様に広く知ってもらい、お店に来てもらうには、インフルエンサーを通じたネット拡散の力を利用するのが一番です。新聞を読まない世代だから折り込みチラシなどのメディア広告では意味がない。お店のホームページに自分からアクセスすることだってまずありえない」と言い切ります。

桃知みなみさんがインフルエンサーとして超絶パワーを発揮したSNS拡散の力と、康介さんがターゲットにアジャストした仕掛けを行って、巧みに新しい顧客層を開拓する姿を目の当たりにした出来事でした。

康介さんは、美味しいお蕎麦をつくる職人であると同時に、変化の兆しをいち早く察知し、新しい時代に対応する仕掛け人でもあります。

若い人たちとVRの研究にも余念がない康介さんは、どうしたらこのお店の認知度を高められるか、何度も来店してもらえるか、未来に向かってどんな準備を進めておくかなど、いつもオールラウンドな視点でお店の経営を考えながら、トライ＆エラーを繰り返しています。自らの意志で「こうしたい」というゴールイメージを持っているので、一つのバーを超えたら、すぐに次の一手を打って、次の到達目標に向かってチャレンジします。

さて、大企業の現場には、こういうオーナーシップ（当事者意識）を持つ人がどのくらいいるのでしょうか。現場の各部門がセクショナリズムに陥らず、「お客様が求めることをあらゆる角度から考え、すぐに行動に移す」という「経営者の視点＋専門スキル＋迅速な行動力」を持った人材が必要な時代になったと思うのですが、果たしてどうでしょうか。

2 未来への扉を開く6つの条件

1 若い力を本気で活用する

こうして見ると、どう考えても既存の幹部層とか現有戦力と言われる人たちだけでは、新しい時代への対応は不可能だと思われます。「未来づくりに向けたセンサー」「挑戦と革新のエンジン」となる集団が必要です。

多くの経営者が「未来創造に向けては待ったなしだ」「今のままでは本当にダメになる」「若い力を本気で活用しなくてはならない」と強い危機感を持っていると思います。

特に、未来づくりのセンサーであり、エンジンとなる若い人材の活用は、サステナブルな経営をしていくための生命線となりますが、見落としがちなポイントが多々あるので、次のような観点で自己点検してみてください。

①若者に「活躍してほしい、期待している」が「口だけ」ではないだろうか？

自分の言うことを聞かない若者や自分が理解できない感性を持っている若者の発言を軽視

していないでしょうか。そういう若者ほど、マーケットの変化の兆しをつかんでいる場合が多いのです。変化の兆しをつかむ感性は若者のほうが鋭いので、若者と真正面から向き合っていないと、マーケット対応に遅れが生じてしまいます。

②自分勝手な評価尺度になっていないだろうか？

経営者や上司が高く評価し、実際に重用するのが「会社に必要な若者」ではなく、「自分にとって都合のいい若者」になっていないか点検してください。上司の好き嫌いではなく、ポテンシャルある人材をしっかり評価し、権限移譲していけるかどうかが会社の将来を左右します。

③諦めや見切りが早すぎないだろうか？

「あいつは経験不足で実力が伴わない」「ああダメだ」「ここまでが限界」と勝手に決めつけていませんか。若者は、覚醒したとき、勝ちパターンを覚えたとき、ツボがわかったときは、すごいパワーを発揮します。それを機に大きく成長し、期待値以上の新たな成果を生み続けるようになります。でも、そこに至るまでは悩みます。経営者は苛立つかもしれませんが、若者には高いポテンシャルがあると信じて、諦めずに伴走する意志を持つことが重要です。

④若者の夢をつぶしていないだろうか？

若者は会社についても自分のキャリアについても夢を描きます。それを「現実の厳しさがわかってないねえ」「そんなの絵に描いた餅だよ」と言ってつぶしてまったら、会社と若者両方の未来の芽をつぶしてしまうことになります。やる気をなくす不用意な考え方と発言をしてはならないのです。

イノベーションとは、既存のサービスやこれまでやってきたことをやめて、新しい方向に転換することを意味します。これまでのやり方が否定される、あるいは、自分たちに理解できない若者の意見やアイデアを排除してしまったら、イノベーションは起こせません。自分が理解できないことを否定しないことが、イノベーションを起こす第一歩なのです。それを排除すると「どうせ言ってもダメだから」と若者は諦め型・保身型になっていきます。

⑤若者のセンスやアイデアには高い価値があると認識しているだろうか？

価値と価格は原則として比例します。例えば外部のコンサルタントに何かを依頼すると「それ相応の対価」が発生します。でも、社内で若者にタスクを依頼するときは別の論理が強く働いてしまいます。

上の世代にはない変化の兆しをいち早くつかみ取る若者のセンス、未来創造のアイデア、そして旺盛な好奇心と迅速な行動力は、経営幹部による経営力とは別の「もう一つの経営力」です。にもかかわらず「職位・階層が自分たちよりも下にいる」とか「経験が浅いから支払う対価は低くて当然」という論理が働いてしまいます。実際のお金はともかくとして、

「私たちがやったことの価値がきちんと認められていない。だからいつも安く使われてしまうのだ」と思われたら、今の若者は「自分たちの価値を認め、評価してくれる会社」「より恵まれた機会」を求めて、別の会社へと流出してしまいます。

若者を活用するときの留意点を５つほど挙げましたが、「胸にグサリ！」がいくつありましたか？　一つもないと思っている方も、「気づいてない」「感じてない」だけかもしれないので、周囲の人と若者の活用について意見交換してみてください。

若手社員は経営者や幹部の姿勢をよく見ています。味方に引き入れることができるか否かは、経営者や幹部の見識と行動にかかっています。経営者や幹部が、職位や年齢など忘れて、クロスジェネレーショントークを行い、若者と熱く語り合うことこそが、未来への扉を開く最大の推進力となるのではないでしょうか。

2　自社の事業プロセスを見直す

未来づくりのセンサーおよびエンジンとなる若者の活用について自己点検していただきましたが、仕事のプロセスがマーケット創造型になっているかどうかの点検も必要です。

マインドストレッチセッションでは「8プラクティス」と呼んでいますが、「成果を生み出すための8つの仕事の流れ」を紹介します。各プロセスは相互に関連していて、切っても切れない関係ですが、とりわけマーケティングはすべての仕事の入り口であり土台となる重要なプロセスです。マーケティングが、サービスコンセプト以降の業務プロセスにいかに大きな影響を与えているかを見ていきましょう。

サービスコンセプトの設計は、誰をターゲット顧客として、どう喜ばせるか、他社との違いをどう打ち出すかを決定する競争戦略上、最も大切なプロセスです。これはすべてマーケティングによる課題形成を踏まえて設計します。

商品計画と顧客サービスとプロモーションは、サービスコンセプトに基づいて、三位一体で具体化されるものです。大企業になるとそれぞれ担当するセクションが異なるので、商品と接客と販促がばらばらに進められますが、重要なのは、三位一体で進めなくては顧客満足を得られないということです。

今後必要になるのは、会社を好きになってもらうプログラムづくり、顧客参加型のプログラムづくり、生涯顧客化の仕組みづくり、AIを活用したビジネスモデルづくり、顧客とコミュニケーションする仕組みづくりなど、商品の領域や部門の枠を超えた発想や体制で進めることが必要なテーマばかりです。

三位一体で進める場合、各部門の代表が集まって協議すると思われますが、内部目線の人

成果を生み出すための8つの仕事の流れ

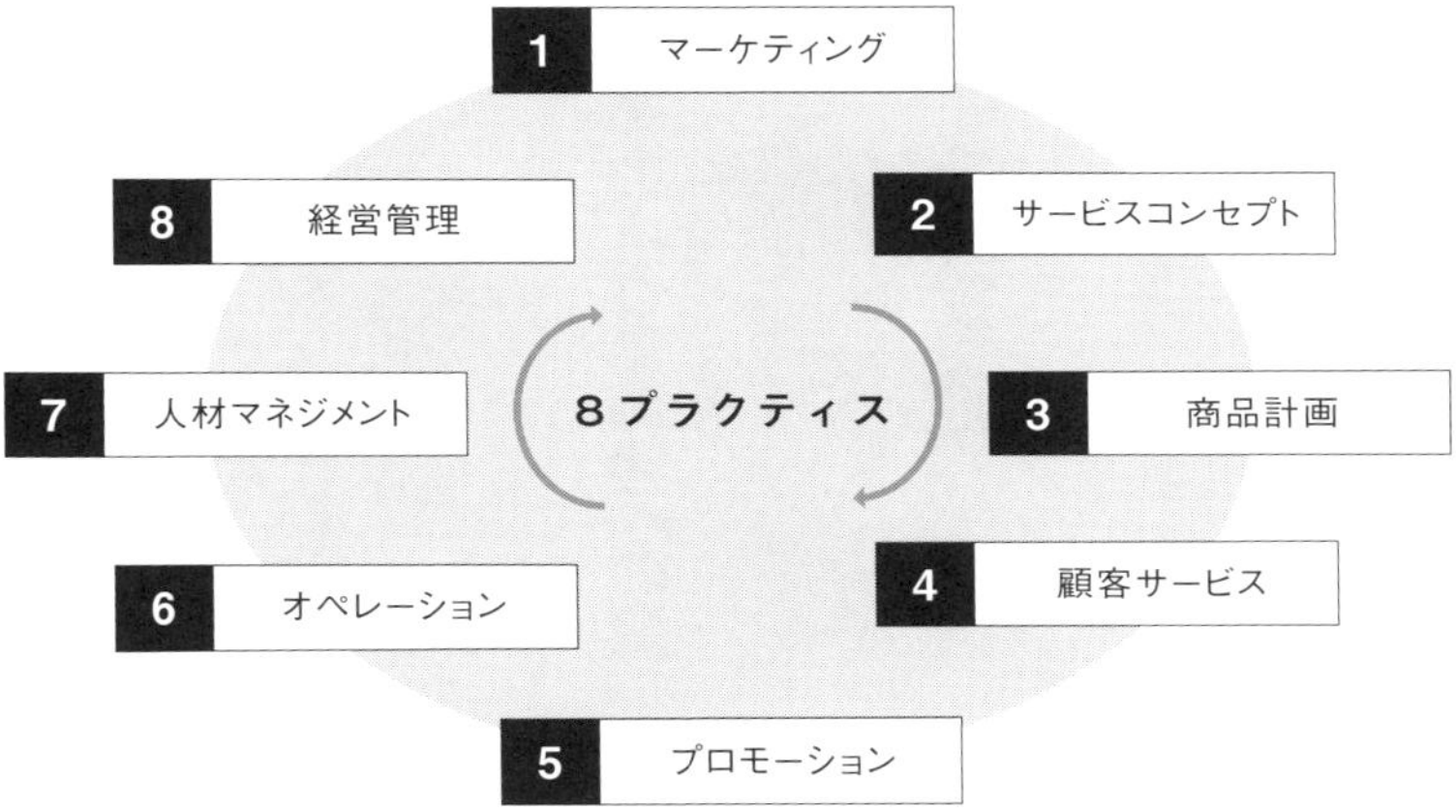

たちが自分たちだけで考えようとすると、かえってマーケット感覚とは乖離してしまいます。むしろ、お客様に「何をどのようにしてほしいか」を素直に聴いて、優先順位が高いものから取り掛かったほうがスピーディで高いパフォーマンスを得られると思われます。

　オペレーションと人材マネジメントと経営管理も、マーケット創造型企業の事業を支えるものへと転換していかなくてはなりません。オペレーションは、「人」と「ＡＩやロボットやＩＯＴなどの先端テクノロジー」の両サイドから考えなくてはならない時代に突入しました。

　人材マネジメントは、未来に通じる人材のプロ像をはっきりさせた上で、採用・評価・処遇・育成をどう進めるか、人事全般の再定義が必要です。経営管理のテクノロジーもハイスピードで高度化していきます。内部のリソースはデータベース化しやすいと思いますが、難しいのは、お客様の心をどう把握し、ビジネスに活かせるように仕組み化するかです。

マーケティングから人材マネジメントまでを有機的につなげる次世代型の経営管理システムをどう設計し、活用するかがビジネスの未来を左右します。

3　自分事のように顧客への関心を高める

このようにマーケティングは、8プラクティスの全プロセスに大きな関わりを持っています。経営の土台となるあまりにも重要なことなので、マーケティング担当部門だけでやることではありません。独自価値を提供し続けるマーケット創造型の企業になれるかどうかは、全社員一人一人のマーケティングに対する意識と行動にかかってきます。

マーケット創造型の企業になるためには、社員一人一人が絶えず「4つの関心」を高め、高い志で行動を起こさなくてはなりません。

4つの関心とは、①お客様への関心、②商品やサービスへの関心、③技術への関心、④成果への関心です。人は相手のことを想う気持ちが強くなればなるほど、自分が何をすれば相手が喜んでくれるかよくわかります。

そして、課題は何か、どうチャレンジすればよいかも見えてきます。お客様への関心が高まると、お客様にもっと満足していただくために、「商品は今のままじゃダメだ」「私たちはもっとスキルアップしなければ」「数字だけじゃなく質を高める成果目標を持たなくては」と、他の3要素をどうしようかと真剣に考えるようになります。

事業創造は、どれだけお客様のことを想い、まだ満たされていない真のニーズを発見しようとし、まるで自分事のように何とかしたいと思えるかにすべてがかかっています。

4　正しい自己認識は他者がもたらすことを知る

個人も企業も正しく自己認識することが最も重要だということをお話したいと思います。「正しい自己認識」――ちょっと難しい言葉なので少し説明します。例えば、ドリームインスティテュートではキャリアプランセミナーを実施していますが、そこでは参加者一人一人に「あなたは今後どんなキャリアを開発していきたいですか？」ということを考えてもらいます。まずは、自分自身と真正面から向き合って、本当は何がしたいのか、何が得意なのか、他の人たちから何を期待されているのか……というようなキャリア開発目標を立てる前提になることを自己認識してもらいます。

ところが、自分だけで考えていても悶々としてしまい、何がしたいか、何が得意か、自己認識にはなかなか至らないものです。ファシリテーターと1対1でキャリアミーティングをしたり、ワークショップで何人かで語り合っているうちに、自分の思いが確認できて「自分のことが改めてよくわかった！」ということになります。

なぜ確認できるかというと、一つには、いろいろな人たちの思いや個性を知ることによって、自分の特徴が再認識できるからです。もう一つは、誰かと話しているうちに「そうか、自分はこの分野では周囲からこんなに期待されていたんだな」と、改めて自分が置かれている状況や事実を客観的に認識できるからです。

このように、多くの場合、相手が、他者が、自己認識のきっかけをつくってくれます。その上で、自分自身を深く見つめていけば、正しい自己認識ができるのです。

「正しい自己認識のきっかけは、他者がもたらしてくれる」ということを企業の経営やマーケティングに置き換えると、企業の外から中を見る「アウトオブボックスの視点」がこれに相当するのではないでしょうか？

「この会社の強みは？　弱みは？　特徴は？」と問われても、お客様の声や他企業との比較がないと答えられません。企業内部の思い込みだけで勝手に決めつけると、企業の将来を誤らせることになります。会社の外を見て、外から中を見つめ直すことで、初めて自社の独自価値や課題が見えてくるのです。

5　分析に偏ったマーケティングの限界を知る

ある新商品を開発したとします。企業内部だけで考えると、「この商品はこのような人に、このように受け止めてもらえるはずだ」と、理論や確率論で考える傾向が強くなります。でも、好きとか嫌いとか、相手がどう受け止めるかは、十人十色、気分次第、周囲の影響などで異なります。つまり理屈通りにはいかないのです。

人間は、ストレスを感じたり、せつない、いとおしい、もの悲しい、人恋しい、なつかしい、はじけたいなど、さまざまな気持ちがクロスしながら毎日を過ごしています。そんなとき、癒されたい、発散したい、お洒落したい、サポートしてほしいなど、いろいろな要望が生まれます。そして、お洒落をして発散したいのか、音楽を聴いて発散したいのか、音楽は発散なのか癒しなのか……など、どんな人がどんなときに何を求めるかはまったく異なります。マーケティングは、複雑すぎる連立方程式を解くことに挑戦するようなものですね。

Ｆ１層の普段使いやマイ・フェイバリットを把握するために探検隊がボイス＆ボイスを分

ボイス&ボイス分析の連立方程式

「○○サービスをどう思うか?」を多角的に分析します

A 認知度 好感度	B 現状の利用度	C 今後の利用見込み	D このサービスがなくなったら
好き	よく利用する	もっと利用するようになる	さみしいだけでなく、くらしていく上で困る
普通	あまり利用しない	引き続き利用する	困らないけど、心情的にさみしい
好きじゃない	まったく利用しない	利用頻度が減る	困らないし、何とも思わない
知らない		今後も利用することはない	○○に乗り換えるから問題ない
		知らないので答えられない	知らないので答えられない

析するときも、そのサービスを「知っているか?、知らないか?」「好きか?、嫌いか?」「今の利用度は?、今後の利用見込みは?」「それがなくなったらどう思うか?」など、いろいろな角度から追求します。

第一段階の集計で、ざっくりとした数値を見ると傾向が概ね読めますが、さらに細かく数値分析していっても、主として左脳で考える方法の限界なのでしょうか、それ以上は事業創造に結びつくヒントやアイデアを得られることが少ないのです。ここで、右脳と左脳をフル回転させるマーケティングが必要だということに気づきます。だからこそ、探検隊はフォーカスミーティングで熱い思いをぶつけ合い、感覚的にも確信を得てからセッションに臨むのです。

6 「語り合うマーケティング」で圧倒的な差をつける

競争戦略で一番大事なポイントは、お客様が必要とする価値で、他社が提供できない、自社だけの独自価値を提供することです。だから、自社の外側に存在する「お客様」と「他企業」をマーケティングして、「自社」について自己認識することが最も効率的だということになります。

さて、マーケティングの手法には次のようなものがありますね。

・店舗を見に行ったり、サービスに触れてみたり、自分自身で「体験」すること
・お客様や現場の社員や異業種企業の人と触れ合うなど「交流」すること
・アンケートやデータなどの情報を「分析」すること

「お客様」と「他企業」について、目的に応じて「体験」「交流」「分析」をどう組み合わせるかが重要です。

多くの場合、自分自身で体験することや、顧客や他企業の情報分析は実施しているでしょうからここでは触れません。

一方、交流については、異業種企業や競合企業との交流はすでにさまざまなかたちでそれなりに実施されていると思いますが、お客様とマーケティング視点で実りある交流をする機会はほとんどないのではないかと思います。

マーケティングの分野では、今後はますますＡＩを活用した高度な顧客情報の収集と分析が行われるようになるでしょう。ただし、データ分析だけでは、独自価値は生まれないのです。その分析データを事業創造に結びつけるには、データを読み込みながら、お客様と真正面から向き合って、自社はお客様に何ができるのかを一人一人が真剣に考えるという「従来とは異次元のマーケティング」をしなくてはなりません。

ＡＩ化が進むと、ＡＩに代替されていく仕事が増えると同時に、人の存在がこれまで以上に重要な意味を持つ仕事も増えていきます。マーケティングの手法も同じことが言えます。マーケティングは、人間の心理を徹底的に追求しながら、どうしたら喜んでくれるか、いかに人の役に立つものを創り出すかを考える人間学です。

社員一人一人が、データ分析力とともに、感性や直観力や事業創造力を磨き、人間力を高めることでマーケティング力を高めることができるのです。

そのときにぜひマーケティング手法の変革をしてほしいと思います。マーケティングは人の心を読み解く連立方程式のようなもので、とても複雑でデリケートなものです。だからこそ、お客様と触れ合い、交流するライブ感覚のマーケティングをしてほしいのです。データ

競争の戦略を支える最強のマーケティング

競争の戦略

**お客様が必要とする価値で、他社が提供できない
自社独自の価値を創造し、提供すること**

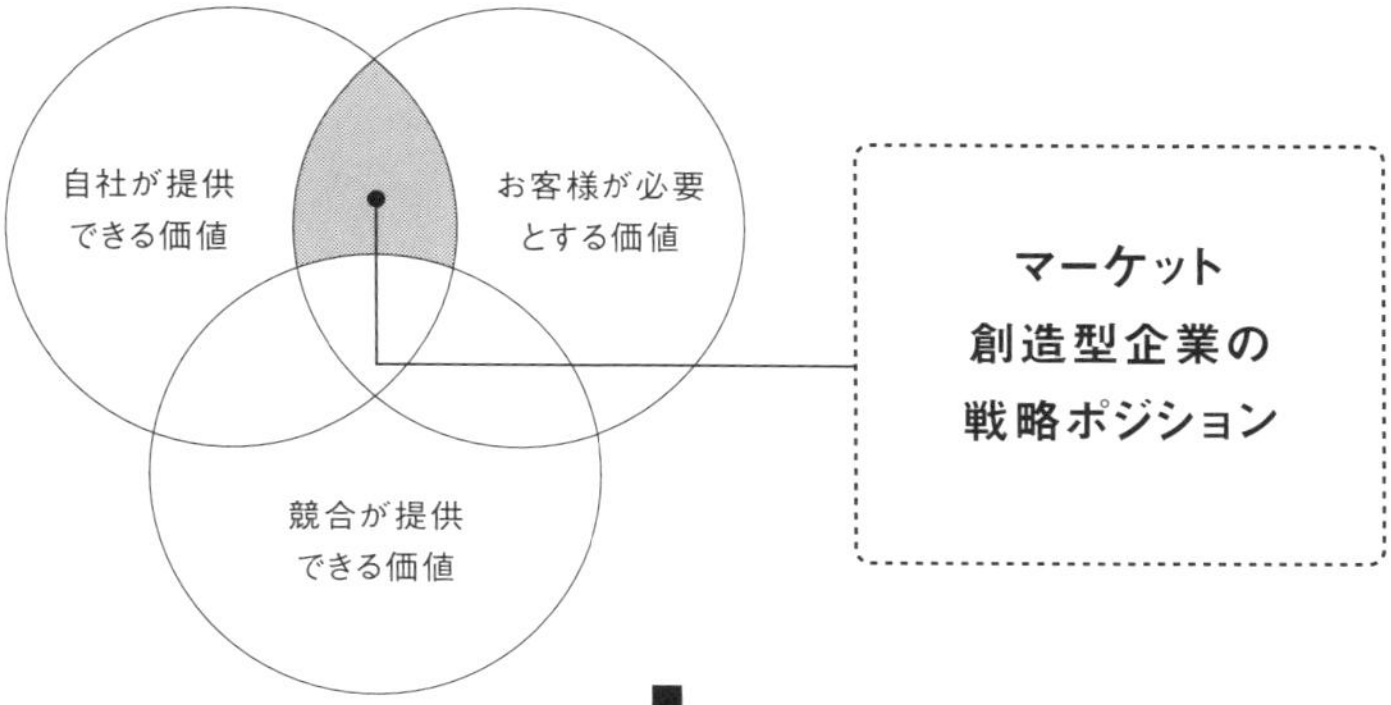

最強のマーケティング

**「体験＋交流＋分析」で、右脳も左脳もフル回転させることが
最強のマーケティングにつながる**

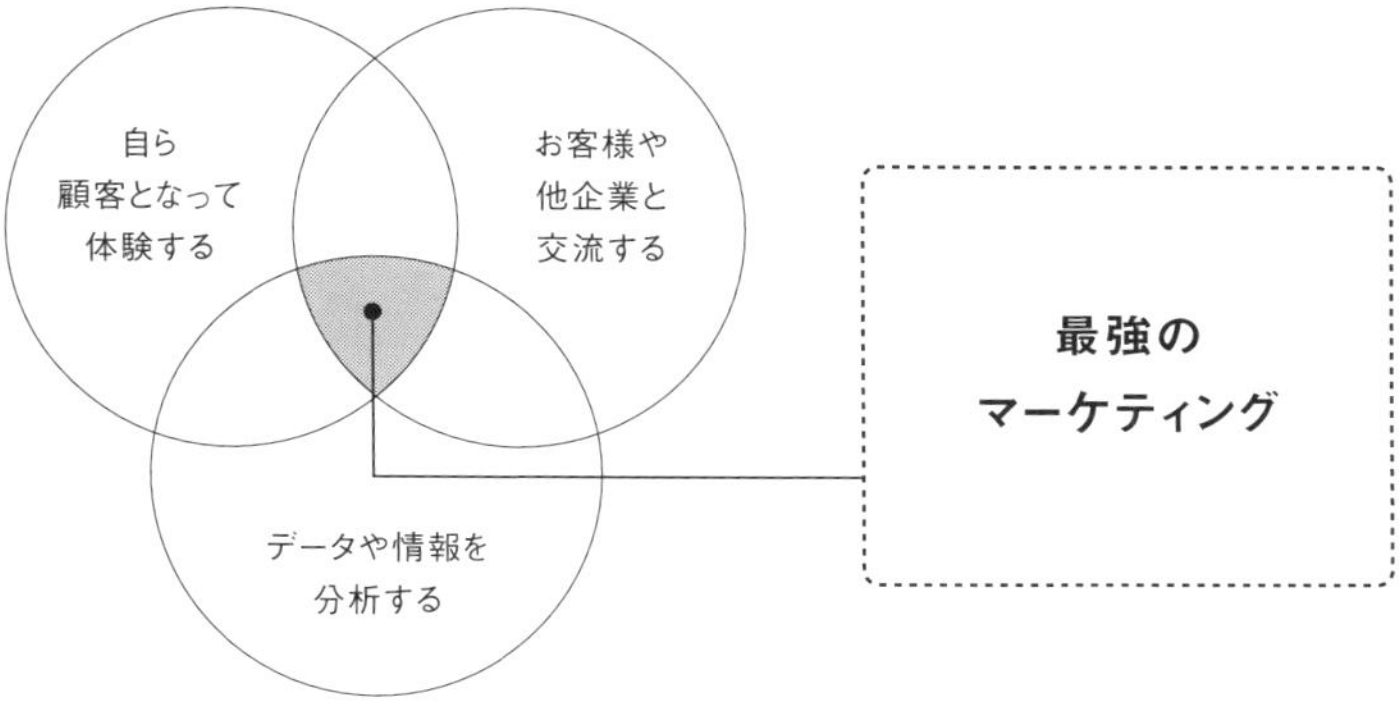

分析に偏りがちになるマーケティングのプロセスに、お客様の空気感や息吹や魂を吹き込んでほしいのです。

ＣＤや配信された音楽を聴くのも素敵だけれど、ライブやコンサートに行って、生で聴くと別格の感動がありますよね。臨場感があり、心に響いてきて、改めてその曲の素晴らしさを再認識できると思います。それと同様に、マーケティングもお客様と直接触れ合い、熱く語り合うと、データの読み方が変わってくるし、データ分析だけでは気づかなかったこともたくさん発見できるのです。

時代の変化を最も早く気づかせてくれるのはお客様です。自社がどんな存在かを気づかせてくれるのもお客様です。お客様から見たら何が課題かということをしっかり自己認識した上で、事業開発にチャレンジすることが必要です。「お客様のために学ぶ」のであれば「お客様から学ぶ」ことが不可欠なのです。

競争の戦略を支える最強のマーケティングとして、自らの体験、情報の分析と併せて、お客様と直接触れ合い、語り合い、企業に自己認識をもたらすライブ感覚のマーケティングセッションの導入を改めて提唱したいと思います。マーケット創造を目指す企業の未来づくりは、マーケティングで他社と圧倒的な差をつけることから始まるのです。

スペシャル
対談

株式会社三越伊勢丹ホールディングス
特別顧問

石塚邦雄 × 望月祐佳

ユニバーサル社会の実現に向けて

石塚邦雄氏　略歴

1972年東京大学法学部を卒業し、株式会社三越入社。
2005年同社代表取締役社長に就任する。
2008年株式会社三越伊勢丹ホールディングス代表取締役社長に就任し、
2017年から同社特別顧問となる。
2016年より日本経済団体連合会副会長も務めている。

いつの間にかスマホが身体の一部に

望月：今、２０１９年4月1日午後2時です。先ほど新元号が令和になると発表されました。元号が変わる年なので、今年はさまざまなところで平成の30年間が特集されています。石塚さんは長年百貨店の経営をなさってきて、現在は、小売業や生活産業を代表するお立場で経団連の副会長をなさっていますが、この30年の人々のくらしの変化をどのように感じていらっしゃいますか？

石塚：平成の30年間は、大きな変化の時代でしたね。いろいろなジャンルで変化がありましたが、とりわけ、スマホがこんなふうになるとは思っていませんでした。スマホは、ここ数年で身体の一部のようになってしまい、このことがライフスタイルを大いに変化させたと思います。

望月：石塚さんは普段スマホを使いこなすほうですか？

石塚：年を取ると若い人のようにデジタル機器をなかなか使いこなせないものです。でも、使わないと生活できない。お休みの日に、孫とどこに行こうか、何を買おうか、そういうのもアプリで検索してからです。アプリ検索ができないと、家族とも友人とも情報の共有化ができない時代だって感じますね。

今後ますます、苦手だから使わないなんて言っていられなくなるでしょう。デジタルネイティブの人たちとは比べものにならないけれど、何しろ、自分で使ってみないとダメですね。部下に何でもやってもらえる偉い人たちほど、世の中から遅れていっちゃう時代なんじゃないかと思いますよ。

ライフスタイルの変化でビジネスはどうなるか

望月：スマホが身体の一部になっているというお話を伺いましたが、ライフスタイルが変わると、必要とされるビジネスも変わりますよね。百貨店の経営にとっては、どのような変化があるのですか？

石塚：大変な時代を迎えています。この商品は、メルカリではいくらで売れるから買うとか、良い車を所有することがステータスではなくなり、カーシェアリングのほうが便利で良いとか、モノが従来とは別の価値観で動いています。それと、アマゾンのように、小売業ではないジャンルからたくさんのサービスが提供される時代となりました。

小売というのは顧客ターゲットに合った商品を提供するビジネスです。だから、顧客と商品の絞り込みが差別化のポイントです。ところが、アマゾンは小売業と同じように、お客様に商品を提供するけれど、いかに多くのお客様に、いかに早く届けるかということが事業コンセプトなので、顧客と商品の絞り込みは関係ない。だから小売業ではないのです。今後も新しい事業モデルがどんどん生まれ、テクノロジーの革新によって、成長と発展を可能にしていくでしょう。競争相手がどんどん多種多様になっていくということですね。

望月：私たちは商品を購入するとき、ネットも店舗も両方使います。どんなに技術が進歩しても、やはり〝リアルな店舗〟もあると嬉しいと感じます。百貨店をはじめとする店舗に、お客様に足を運んでもらうにはどのような工夫が必要でしょうか？

石塚：例えば百貨店の場合、若者が意識していない、わかっていない価値を気づかせる、シニアには心豊かな生活を支援するなど、個々のお客様にとって、そこに行けば「これまで満たされていなかったニーズを満たせる」「気づきや発見がある」という魅力や提案や学びがないと、リアルな現場にわざわざ足を運ばない時代になりました。

小売業は、独自価値の提供と事業モデルについて、本気で再定義しなくてはなりません。それは小売に限らず、どんな業界も、単なる品揃えの良し悪しというレベルではなく、事業モデルの変革に取り組まなくてはならないと思います。

望月：私たちの世代は、もっと上の世代の人と比べると、百貨店をあまり利用していないのではないかと思います。そんな中でも百貨店大好きという友人が何人かいますが、「なぜ百貨店に行くの？」と聞いてみると、「行くと発見や何かしらの学びがあるから」と言います。

センスの良い商品が何でも揃っているという便利さやバリエーションだけではなく、その人の「心に響く何か」「価値観に合った何か」があれば、若い人も足を運ぶのかもしれません。

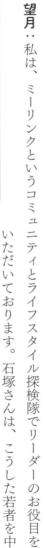

お客様から学ばなければ時代遅れになる

望月：私は、ミーリンクというコミュニティとライフスタイル探検隊でリーダーのお役目をいただいております。石塚さんは、こうした若者を中心とする集団に何か期待していることってありますか？

石塚：大いに期待していますよ。若い人からは時代やマーケットの「変化の兆し」を教えてほしいと思っています。若さが持つ他の世代にない鋭い感性・センス・好奇心は、私たちには見えない一歩先の変化を察知します。だから、いつの時代も若者の思考と行動が必ず次の時代を創っていくのです。

また、これはビジネスの本質論ですが、マーケットで先頭を走っているのはお客様です。社内や取引先だけで議論をしていたら、斬新な商品を提供し続けることはできません。百貨店でも、既存の枠組みの中で商品やサービスの計画をつくっていると、いつの間にか時代遅れになってしまうのです。だから、私たちは、もっともっとお客様から学ばなくてはならない。でも、どうやってお客様から学ぶかと考えると、結構難しい。そういう意味では、若いお客様と直接交流しながらマーケティングするライフスタイル探検隊セッションは、とても重要な機会だと思います。探検隊の皆さんから企業に対して、思ったことを遠慮せずにどんどん言ってほしいですね。

望月：そう言っていただけると、とても勇気が湧いてきます。好奇心を持って、いろいろな施設や商品やサービスに触れて、もっともっと自分の感性を磨いていきたいと思います。そして、私たちの世代の等身大の声をしっかり集めて、企業の皆様の役に立つ探検隊になっていきたいと思います。

「キョウヨウ」と「キョウイク」が活力をつくる!?

望月：私たちのコミュニティ活動でも、すべてのメンバーが共通の目標を持ってチャレンジするために、ミッションやビジョンを大切にしています。国家レベルで経済基盤を支える経団連では、より良い社会を創る、心豊かなくらしを実現するなど、大きな社会的ミッションやビジョンを持って活動されていると思います。石塚さんご自身が実現したいと思っていらっしゃるビジョンや到達目標はどんなことですか？

石塚：いろいろありますよ。例えば、活力あるシニアの人たちがたくさん街を歩いている社会が実現できるとよいと思いませんか？　そのためには、キョウヨウとキョウイクが大切だって言われますが、もちゆかさん、それって何かわかりますか？

望月：教養と教育……？

石塚：それも大切だけれど、漢字で書くと「今日用」と「今日行く」なんです。毎朝起きたときに、今日も何も用がない、どこにも行きたいところがないということが、最も活力を低下させてしまう。街を歩いていると、必ず新発見がある。音楽を聴くと、必ず感動がある。小さなことでもいいので、目的を持つ、楽しみを持つ、そして、行動に移す。そうしているうちに、自身の活力や生きがいに通じるようなテーマが生まれます。だから私もまずは「今日用」と「今日行く」が大切だと思うのです。

望月：行動すると発見がある。活力や生きがいが生まれる。それは、私たちにも言えることです。石塚さんに教えていただいた「今日用」と「今日行く」のお話は、ライフスタイル探検隊メンバーとも語ってみたいお話です！

ハードよりハートでユニバーサル社会の実現を

石塚：私の夢とも言える大きなテーマがユニバーサル社会の実現です。年齢、性別、障がい、文化などの違いに関わりなく、誰もが地域社会の一員として支え合う中で安心してくらし、一人一人が持てる力を発揮して元気に活動できる社会のことですが、それには、もちゆかさんたちの力が大いに必要になるんです。ユニバーサル社会の実現には、バリアフリーの施設を整える、人にやさしい街づくりをするなど、社会的なインフラを整備することが不可欠です。そのためには莫大な資金投資が必要です。そこは主として政府や自治体や企業がミッションを担いますが、ハードが整っているだけじゃダメなんです。

障がいを持つ人も、あらゆる年代の人も、「どんな人でもウェルカムですよ」という社会。あらゆる人が、安全で安心してくらせる、街を歩ける、お買い物に行ける、旅行に行ける、そんな社会を実現するには、相手を思いやる心、小さな気遣いにも感謝する心、おもてなしの精神、社会や人のために何かしら行動したいという気持ちなど、人と人とが交流する中で生まれてくる温かいハートの部分がないと、ユニバーサル社会は実現しません。だから、私はいつも大切なのは「ハードよりハート」って言っています。ハードはお金がかかりますが、ハートはお金がかからず、誰にでもすぐにできることなのです。多くの人たちが「情けは人の為ならず」ということを認識し、誰かのために行動できると素敵な社会になると思いますよ。

望月：ハードよりハート、素敵な言葉ですね。私たちはどんな貢献ができるでしょうか？

石塚：ますます高齢社会になっていくので、若い人たちと手を携えてユニバーサル社会をつくっていかなければ、実現できないと思っています。若い世代でユニバーサルハートを醸成していってほしいと思います。もちゆかさんから教わったさまざまなコミュニティは、社会的ミッションを持った活動をしていますね。だから、ユニバーサル社会づくりをリードしてもらえると大いに期待しています。いや、社会起業家的な人たちが多いから、すでにイニシアティブを発揮していると思われます。

望月：私が知るコミュニティの人たちは、自分が楽しむだけではなく、「人のために」「社会のために」というユニバーサルハートを持っています。誰かの役に立てること自体が自分自身の喜びであり、支え合って生きていくということを大事にしたいと考えていると思われます。ただ、どうしても近い世代同士での活動になってしまったりすることも多いので、ユニバーサル社会の実現という大きなテーマを持って、世代を超えた活動になっていくことで、私たちも、もっともっと成長できるし、より大きな社会的ミッションも果たしていけると思います。私たちがチャレンジしなくてはならないテーマだと感じています。

石塚：心強いメッセージ、嬉しくありがたく思います。私も経営者をはじめ、いろいろなところで発信していきたいと思っていますが、何と言っても若い人たちは私たちとは比較にならないくらい発信力がすごい。ＳＮＳなどを通じて、取り組むべき課題も共感の輪も広げていってほしいと思います。ユニバーサル社会に一歩でも近づけるよう、ぜひ力を貸してください。

望月：若者は好奇心も情熱も発信力も行動力もあるかもしれません。しかし、知識や経験が足りないことも多く、先輩方からアドバイスが欲しいと思う場面がたくさんあると思います。石塚さんのように、社会全体を大きなスケールで考えられるよう視野も広げなくてはならないし、まだまだ学ばなくてはならないことだらけです。こちらこそ若者のご指導をどうぞよろしくお願いいたします。本日はたくさんのことを教えていただき、本当にありがとうございました。

本書の最後に――

●望月祐佳より

ここまで読んでくださった皆様、本当にありがとうございました。皆様にとってこの本が少しでも何かプラスとなりましたら、とても嬉しく思います。

そして、社会経験も少ない私に、研修への参加や執筆させていただくなど、数々の夢のような機会をくださったドリームインスティテュートの上野和夫さんとアズナチュラルの本郷靖子さん、そして、このお二方とのご縁をつくってくださった志波早苗さんがいてこそ、今日この場に私がおります。心より感謝申し上げます。

執筆では、人生の大きな学びをくださった三越伊勢丹ホールディングス特別顧問で経団連副会長の石塚邦雄さんをはじめ、本当に多くの方々からの温かいお力添えをいただきました。皆様への溢れる感謝の気持ちを上野様につなぎ、私からの御礼とさせていただきます。

●上野和夫より

この著書の制作には本当にたくさんの方々のお力をお借りしました。ご協力いただいたすべての方の力で書き上げることができたと思います。

マインドストレッチセッションを一緒に開発し、各企業のセッションや異業種交流型の未来創造セッションをご一緒している一橋大学大学院の楠木建先生、大薗恵美先生、藤川佳則先生、長年ご指導いただいているコーンフェリー&ヘイコンサルティンググループの綱島邦夫さんには、本書の刊行にあたってもお知恵をお借りしました。ドリームインスティテュートの戦略アドバイザーでもある株式会社アズナチュラルの本郷靖子さんには、シナリオ制作のブレインになっていただき、随所で私の脱線を食い止めていただきました。コンセプトづくりのブレインになっていただいた皆様には感謝の念に堪えません。

そして、執筆に加わっていただいた望月祐佳さんとライフスタイル探検隊メンバーの皆様、参画してくださった各コミュニティの皆様、対談に参加いただいたチャリティーサンタ清輔夏輝さん、マツリズム大原学さん、カイゴリーダーズ秋本可愛さん、三十路祭り橋本夕子さん、きゅーまる／90年会駒ケ峯誉さん、ビジュアル制作を担当していただいた伊藤佑規さんと田中美希さん、リアルなマーケティング感覚と若い息吹を吹き込んでいただき、ありがとうございました。

さらに、望月さんとの対談を引き受けていただいた株式会社三越伊勢丹ホールディングス特別顧問で経団連副会長の石塚邦雄さんには、「世代を超えた人たちが手を携えてユニバーサル社会を創っていこう」という次の時代に大変重要な社会的テーマを示唆していただき感謝しております。また、スマートエイジング探検隊の座談会に登場いただいた高崎高等学校69期生の皆様には長い年月をかけて築かれた友情や信頼の尊さを改めて感じています。

そして、株式会社三越伊勢丹ホールディングス、株式会社そごう・西武、株式会社バーニーズジャパン、株式会社ロフト、生活協同組合パルシステム千葉の皆様には、カスタマーフロントの取材にご協力いただき、アイングループの皆様にはバックヤードから支えていただきました。経営者および関係者の皆様には心から感謝申し上げます。

最後に、著書制作に最初から最後まで粘り強くご指導いただいた現代書林の浅尾浩人さんと小野田三実さん、多忙な業務をこなしながら陰で制作を支えてくれたドリームインスティテュートの松本英美さんと宇山茉甫さんに心から感謝します。そして、著書の完成を楽しみにしながら、美味しい珈琲で執筆を支え続けてくださったリンツ珈琲店の仲佐正さんが完成を前に急逝されました。心から感謝すると共に、衷心よりご冥福をお祈り申し上げます。

とてもハードな制作期間でしたが、夢を見ているような幸せな忙しさを感じた数カ月間でした。たくさんの皆様のパワーの結実を一冊にした本なので、より多くの方々に読んでいただけることを心から願っています。

●ライフスタイル探検隊に関するお問い合わせ先

ライフスタイル探検隊セッションおよび各種コラボレーション、その他企業研修等のご要望がございましたら、下記までご連絡ください。

株式会社ドリームインスティテュート　ライフスタイル探検隊プロジェクト

住所　〒113-0033　東京都文京区本郷3-35-3　本郷UCビル6階

電話　03-5805-1505

メール　info@dream-institute.co.jp

URL　http//www.dream-institute.co.jp

Facebook　https://m.facebook.com/groups/2921103184780907

●各コミュニティの紹介

各コミュニティのホームページおよび活動動画は下記にてご覧いただけます。

一般社団法人Mealink（ミーリンク） https://mealink.jp/	一般社団法人 三十路祭り https://www.misoji-matsuri.com/
きゅーまる／90年会 https://m.facebook.com/90kyumaru/	NPO法人 チャリティーサンタ https://www.charity-santa.com/
一般社団法人マツリズム https://www.matsurism.com/	株式会社 Join for Kaigo http://heisei-kaigo-leaders.com/
NPO法人WELgee（ウェルジー） https://www.welgee.jp/	株式会社イトバナシ https://itobanashi.com/
特定非営利活動法人 judo3.0 https://judo3.org/	一般社団法人 Japanese TEAM https://japanese-team.jp/

著者略歴

上野和夫　うえのかずお

株式会社ドリームインスティテュート 代表取締役社長

1974年に一橋大学卒業後、株式会社西武百貨店に入社。広範囲にわたる人事分野を経験後、新人事制度導入プロジェクトリーダー、人材開発部長を歴任し、2001年に同社100%出資の人材育成子会社キャリアオン代表取締役社長に就任し、グループ内外にわたる人材育成事業を展開する。

その後、2008年に株式会社ドリームインスティテュートを設立し、代表取締役社長に就任。同社設立と同時に、カフェ&ラーニングスタジオ(本郷三丁目)にて、マーケット創造型の挑戦的風土を創りたいと願う企業の変革リーダー育成と経営改革を同時に進めるマインドストレッチセッションを開講。さらに2013年より、同セッションのマーケティング講座としてライフスタイル探検隊セッションをスタートする。

2019年に開講した異業種交流型未来創造セッションでは、ライフスタイル探検隊と複数企業の受講生が同時に交流する新スタイルのセッションもスタートさせる。

著書に、『21世紀の戦略型人事部』(共著　労働政策研究・研修機構)、『人事のプロが書いた商売繁盛学』(現代書林)、『イノベーションは現場から生まれる』(総合法令出版)がある。

望月祐佳　もちづきゆか

ライフスタイル探検隊リーダー

10代で体調を崩し、食の大切さや食の可能性に関心を持ち、跡見学園女子大学在学中の2010年に、食のコミュニティであるMealink(ミーリンク)を学生団体として発足させる。

2012年に同大学卒業後、専門学校へ入学し、翌年には精神保健福祉士の資格を取得。2016年にはMealinkを一般社団法人化し、代表理事に就任する。

Mealinkは管理栄養士をはじめ、食に関心の高いスタッフが所属し、さまざまな企業や機関と連携し、食育をはじめとするプログラムを展開している。

2019年現在、Mealinkを運営しながら専門学校で栄養学を勉強中。また、ウイメンズ日本酒会代表として名酒センターなどで、日本酒の魅力を発信中である。

2013年よりドリームインスティテュート「ライフスタイル探検隊」プロジェクトのリーダーとして、さまざまな企業とセッションを実施している。

農水省後援「大地の力コンペ」奨励賞、住友生命「ヤングジャパンアクション」奨励賞などを受賞している。通称もちゆか。

[ライフスタイル探検隊《たんけんたい》]「語《かた》り合《あ》うマーケティング」が未来《みらい》を拓《ひら》く

2019年9月18日　初版第1刷

著　者 ―――――― 上野和夫《うえのかずお》／望月祐佳《もちづきゆか》
発行者 ―――――― 坂本桂一
発行所 ―――――― 現代書林
〒162-0053　東京都新宿区原町3-61　桂ビル
TEL／代表　03(3205)8384
振替00140-7-42905
http://www.gendaishorin.co.jp/

ブックデザイン+DTP ―――― ベルソグラフィック
写真 ―――――― 伊藤佑規
イラスト ―――――― 田中美希

印刷・製本　広研印刷㈱
乱丁・落丁本はお取り替え致します。

定価はカバーに
表示してあります。

ISBN978-4-7745-1805-3 C0034